Arriver à C

En avion

L'aéroport international Jean-Paul II de Cracovie-Balice (Międzynarodowy Port Lotniczy im. Jana Pawła II Kraków - Balice) se situe à 11 km à l'ouest de Cracovie.
✆ 12 295 58 00 (info 24h/24) - www.krakowairport.pl
Navettes gratuites entre les terminaux T1 (international) et T2 (domestique). *(Attention, la compagnie low-cost Wizz Air dessert uniquement l'aéroport de Katowice, situé à 80 km de Cracovie. Pour plus d'informations sur le transfert entre Katowice et Cracovie, voir p. 4.)*

De l'aéroport au centre-ville :

➔En train

C'est le transport le plus rapide (durée 16mn).
Départ du T1, arrivée à la gare centrale Kraków Główny (au nord-est de la Vieille Ville, à 5mn du Rynek). Départ toutes les 30mn, de 5h57 à 22h29.
Achat dans le train (auprès du contrôleur) et aux caisses automatiques du T1 (près de la sortie principale).
Tarif : 12 PLN.

➔En bus

Autobus n° **292** (direction Dworzec Główny Wschód). 3 bus/h, de 4h30 à 22h30 (durée 35mn). Départ du T1.
Autobus n° **208** (direction Dworzec Główny Wschód). 1 bus/h, de 5h11 à 22h53. Départ du T2.
Autobus de nuit n° **902** (direction Dworzec Główny Wschód). Départ du T1.

principale). Pour rejoindre Stare Miastro ou Kazimierz, s'arrêter aux stations Plac Inwalidów ou Nowy Kleparz et prendre l'une des nombreuses lignes de **tramway** qui desservent ces quartiers *(voir plan détachable).*

➔En taxi

Radio Taxi est la compagnie partenaire de l'aéroport. ✆ 191 91.
Stations de taxis aux terminaux T1 et T2.
Prix de la course : de 70 à 100 PLN.
Cartes bancaires acceptées.

SPÉCIAL TRANSPORTS ET VISITE CRACOVIE

➔Horaires des tramways et bus :
5h-23h (www.mpk.krakow.pl).
➔Tarifs : 1 trajet unique (dans Cracovie) : 3,8 PLN.
Billets trajets illimités : 20mn (2,80 PLN), 40mn (3,80 PLN), 1h (5 PLN), 1h30 (6 PLN), 24h (15 PLN), 48h (24 PLN) et 72h (36 PLN).
➔Forfait : Krakow Tourist Card (Krakowska Karta Turystyczna) – www.krakowcard.com.
Elle inclut la gratuité dans les tramways et les bus ainsi que l'entrée dans 30 musées.
Carte 2 j. 60 PLN, carte 3 j. 80 PLN.

Le tramway est un moyen de transport pratique à Cracovie.

E. Fleisher / Look / Photonon

volno volno
= slowly slowly

Destination Cracovie

Préparez votre voyage

Formalités d'entrée

Pièce obligatoire – Carte d'identité ou passeport en cours de validité.
Visa – Les ressortissants français, ceux de l'Union européenne (UE) et les Suisses n'en ont pas besoin.
Douane – Il est interdit d'importer en Pologne de la viande crue ou des viandes préparées artisanalement, des produits laitiers, des fleurs ou plantes en pot et des animaux exotiques. Le transport et la détention de drogues et d'armes ou de produits dangereux sont bien évidemment prohibés.

Venir en avion

LOT

Il existe des liaisons directes ou via Varsovie assurées par **LOT** (Lignes aériennes polonaises). **www.lot.com**
À Paris – 101 r. d'Aboukir - 75002 Paris - ☏ 0800 10 12 24 (gratuit) - 3 vols par jour avec escale à Varsovie.
À Nice – Aéroport Nice Côte d'Azur - T1 - ☏ 0800 10 12 24 (gratuit) - 1 vol par jour avec escale à Varsovie.
À Bruxelles – ☏ 078 18 00 14 - 3 vols par jour avec escale à Varsovie.
À Genève – 1 vol par jour avec escale à Varsovie.

AUTRES COMPAGNIES RÉGULIÈRES

Austrian Airlines – www.austrian.com. 2 vols par jour entre Paris-Roissy (ou Bruxelles et Genève) et Cracovie via Vienne.
Lufthansa – www.lufthansa.com. Vols entre Paris-Roissy et Cracovie via Francfort ou Munich.
CSA Czech Airlines – www.csa.cz. Vols entre Paris-Roissy et Cracovie via Prague.

COMPAGNIES LOW-COST

Ryanair – www.ryanair.com. 3 vols par semaine entre Beauvais et Cracovie.
Wizz Air – ☏ 0899 190 037 *(0,34 €/mn)* - www.wizzair.com. 3 vols par semaine entre Beauvais et Katowice et 3 entre Bruxelles-Charleroi et Katowice. Pour rejoindre Cracovie de l'aéroport de Katowice (situé à env. 80 km à l'ouest de Cracovie - www.katowice-airport.com/fr), empruntez une navette de la compagnie Wizz Air (56 PLN aller simple). Départ devant le terminal environ 40mn après l'arrivée de l'avion. Arrivée à Cracovie devant la gare centrale.
Easyjet – www.easyjet.com. 5 vols entre Paris-Roissy et Cracovie.

Argent

L'unité monétaire polonaise est le **złoty** (signifiant « doré ») divisé en cent. L'abréviation locale est ZŁ et l'abréviation internationale est PLN.
En octobre 2013, **le taux de change était d'environ 4 PLN pour un euro.**
Un złoty se divise en 100 groszys. Il existe des billets de 10, 20, 50, 100 et 200 złotys et des pièces de 1, 2, 5, 10, 20, 50 groszys et de 1, 2, 5 złotys.
Pour des raisons de commodité, munissez-vous de monnaie et de billets

de petite valeur. L'euro est parfois accepté.

Perte de cartes : voir l'encadré « Pas de panique ! » p. 6.

Saisons et climat

Été – Chaud et ensoleillé, avec une température journalière moyenne de 25 °C pouvant parfois dépasser les 30 °C, où le vent est rare.

Hiver – Froid et sec, c'est une saison intéressante pour le tourisme culturel et une autre vision de la ville souvent sous la neige. N'oubliez pas d'emporter des vêtements chauds : les températures tournent autour de 0 °C sauf en janvier et février, les mois les plus froids de l'année, avec une température moyenne de quelques degrés au-dessous de zéro.

Printemps et automne – Ce sont les saisons les plus agréables : le climat est doux, les journées assez longues, l'affluence touristique raisonnable.

Pour en savoir plus

Avant de partir

Office national polonais du tourisme à Paris – 10 r. Saint-Augustin - 75002 Paris - ✆ 01 42 44 19 00 - www.pologne.travel/fr - lun.-vend. 9h-16h.

Office national polonais du tourisme à Bruxelles – 20 av. de la Renaissance - 1000 Bruxelles - ✆ 740 06 20 - fax 742 37 35 - www.pologne.travel/fr-be.

Bibliothèque polonaise à Paris – 6 quai d'Orléans - 75004 Paris - ✆ 01 55 42 83 83 - www.bibliotheque-polonaise-paris-shlp.fr.

Sites Internet

Kraków in your pocket – www.inyourpocket.com. Informations touristiques.

The Visitor guide Małopolska – www.thevisitor.pl. Informations touristiques.

Cracow Online – www.cracowonline.com. Dossiers, conseils de voyage et informations en temps réel disponibles aussi en version téléphone mobile.

Karnet – www.karnet.krakow.pl. Informations culturelles.

Cracow – www.krakow.pl. Site de la ville de Cracovie, bien documenté. Calendrier des manifestations du mois en cours.

Forum de discussion sur la Pologne – www.polskanova.com/index.php.

Votre séjour de A à Z

Banques et change

Les **distributeurs de billets** sont nombreux et régulièrement répartis dans la Vieille Ville. Dans la plupart des cas, il est possible de sélectionner une interface en langue française.
Le taux de change est quotidiennement disponible sur le site de la Banque nationale polonaise (www.nbp.pl).
Les **Kantor** (bureaux de change) sont légion au cœur de la Vieille Ville et pratiquent des taux quasi similaires. Ils ne changent que l'argent liquide et pas les chèques de voyage. Leurs horaires d'ouverture varient (24h/24, ou en général 9h-18h en sem. et jusqu'à 12h le sam.). Ils ne prennent pas de commission.
Les **chèques de voyage** constituent une garantie fiable contre le vol. En revanche, il n'est pas toujours facile de les convertir en monnaie et les commissions sont assez importantes. Le meilleur endroit pour changer des chèques de voyage reste la **banque Pekao** (Rynek Główny 31 - lun.-vend. 8h-18h, sam. 9h-14h), qui prend une commission raisonnable.
Perte de cartes : voir l'encadré « Pas de panique ! » ci-contre.

Budget

Un séjour en Pologne ne percera pas votre bourse. Pour une **chambre double** de bon confort, comptez un minimum de 250 à 350 PLN la nuit, de 130 à 205 PLN dans un établissement de moindre importance. Le prix d'un **repas** au restaurant varie selon la nature et le standing de l'établissement. Comptez entre 6 et 25 PLN pour un plat et de 15 à 70 PLN pour un repas. Enfin, un demi de bière pris au bar coûte environ 9 PLN.

PAS DE PANIQUE !
Police – 997 ou 112 (depuis un téléphone portable).
Poste de police – Rynek Główny 29 - 12 615 73 17 (24h/24).
Commissariat principal de la Vieille Ville – Ul. Szeroka 35 - 12 615 29 14.
Pompiers – 998.
Urgences médicales – 999 et 112 (depuis un portable).
Médecins francophones – Dr Ciezarek - 501 77 69 16. Dr Topa - 606 24 75 04.
Pharmacies 24h/24 : **Apteka** – Ul. Kalwaryjska 94 - 12 656 18 50 ; **Apteka** – Ul. Wolska 1 - 12 265 29 70.
Perte de carte de crédit – 225 153 150 ou 225 153 000.
Numéro pour les étrangers séjournant en Pologne : 22 278 77 77 ou 608 599 999 (depuis un téléphone portable). Actif tlj sf j. fériés de 8h à 18h (22h du 1er juin au 30 septembre). Assistance en anglais, allemand et russe.

Cartes de réduction

Carte internationale d'étudiant – Les étudiants peuvent profiter de la carte internationale d'étudiant (ISIC) accordant réductions et avantages. www.isic.org.

Krakow Tourist Card *(Krakowska Karta Turystyczna)* – Elle inclut l'entrée dans 30 musées et la gratuité sur tous les transports du réseau MPK, ainsi que certaines réductions sur une sélection d'adresses. 60 PLN/2 j., 80 PLN/3 j. Sachez toutefois que l'on circule surtout à pied à Cracovie et que les entrées des musées ne sont pas très élevées.

www.krakowcard.com. Informations dans les offices de tourisme, certains hôtels et agences de voyages.

Consulat

Consulat français – Ul. Stolarska 15 - ✆ 12 424 53 00 (7j./7) ; numéro d'urgence 602 75 14 11 (portable) - fax 12 424 53 20 - lun.-vend. 9h-16h. Dans le même bâtiment se trouvent l'**Institut français de Cracovie** (✆ 12 424 53 50 - http://institutfrancais.pl), qui organise différentes manifestations francophones, et la bibliothèque française.

Décalage horaire

Pas de décalage horaire par rapport à la France. Les changements d'heure légale interviennent aux mêmes dates qu'en Europe occidentale, deux fois par an.

Douane

Vous êtes autorisé à rapporter alcools et tabacs (10 l d'alcool fort, 90 l de vin, 110 l de bière et 200 cigarettes). En revanche, il est interdit d'exporter antiquités et œuvres d'art antérieures à 1945. Vous pouvez vous faire rembourser la TVA si le montant de vos achats dépasse 200 PLN et s'ils ont été faits dans des magasins portant la mention « Tax free ». Ces derniers vous remettront un certificat d'achat à votre nom et valable trois mois.

Électricité

Le voltage du secteur est de 220 volts comme partout en Europe continentale.

Horaires

Magasins – Lun.-vend. 10h-18h, sam. jusqu'à 15-16h.

« Nos adresses/Shopping » p. 32.

Banques – Lun.-sam. 8h-18h. Lorsqu'ils ne sont pas ouverts 24h/24, les *kantor* ouvrent de 9h à 18h en sem. et jusqu'à 12h le sam.

Poste – Lun.-vend. 8h-19h, sam. matin jusqu'à 12h, 13h ou 14h.

Internet

De plus en plus de réseaux **Wifi** sont disponibles, surtout autour du Rynek. Parmi les nombreux cyber-cafés du centre-ville :

Garinet – Ul. Floriańska 18 - ✆ 12 423 22 33 - www.garinet.pl - 9h-22h - 4 PLN/h. Au fond d'un passage donnant sur la rue.

Hetmanska – Ul. Bracka 4 - ✆ 12 430 01 08 - www.hetmanska24.com - tlj 24h/24 - 4 PLN/h et cartes d'abonnement.

Jours fériés

– 1er janvier : Nouvel An.
– Dimanche et lundi de Pâques.
– 1er mai : fête du Travail.
– 3 mai : anniversaire de la Constitution.
– Jeudi de la Fête-Dieu (fête mobile).
– 15 août : Assomption.
– 1er novembre : Toussaint.
– 11 novembre : fête nationale de l'Indépendance.
– 25 et 26 décembre : Noël.

Poste

Les timbres s'achètent à la poste ou dans les kiosques *(Ruch)*. Pour les pays de l'UE, un timbre coûte de 4,40 à 5 PLN. Comptez de 2 jours à une semaine pour un envoi vers la France.

Bureaux de poste

Poste centrale *(Poczta Główna)* – Ul. Westerplatte 20 - ✆ 12 421 03 48 - www.poczta-polska.pl - lun.-vend. 7h30-20h30, sam. 8h-14h. La poste centrale se trouve en bordure extérieure est des Planty, à l'angle des rues Westerplatte et Wielopole. Le courrier en poste restante peut y être adressé et récupéré au guichet no 1. Pour acheter des timbres sans faire la queue : guichets nos 2 à 14.

Autre bureau – Ul. Lubicz 4 (devant la gare ferroviaire) - sam. jusqu'à 20h. Le courrier déposé y est traité 24h/24.

Bureau dans le château de Wawel – W.-end 10h-17h (9h-16h oct.-mars).

Pourboire

Dans les restaurants et les bars, il est de bon ton de laisser 10 % de la note.

Presse

Les mensuels gratuits édités en anglais *Welcome to Cracow* et *Kraków : What, Where, When* fournissent des données actualisées sur la ville. Le meilleur du genre reste le bimensuel payant (5 PLN) tout en anglais **Kraków in Your Pocket**, qui intègre une bonne sélection d'adresses. N'oubliez pas le magazine *Karnet*, très pointu sur le calendrier des manifestations culturelles.

Renseignements touristiques

Points d'informations municipales

Sept points d'informations *(Punkt Informacji Miejskiej)* sont répartis en ville. Financés par la municipalité, ils dispensent chacun, en plus d'informations générales, des renseignements spécifiques.

Ul. Szpitalna 25 – ✆ 12 432 01 10 - http://cracow.travel - nov.-avr. : 9h-17h ; mai-oct. : 9h-19h. Ce centre d'information touristique **IT** est localisé dans un kiosque situé au milieu des Planty, à mi-chemin de la gare (tout droit après le passage souterrain) et de l'amorce de la Vieille Ville (derrière le théâtre Juliusz-Słowacki).

Ul. Józefa 7 – ✆ 12 422 04 71 - 9h-17h. Informations sur les quartiers de Kazimierz et de Podgórze.

Ul. Św. Jana 2 – ✆ 12 421 77 87 - nov.-avr. : 10h-18h ; mai-oct. : 9h-19h.
Wieża Ratuszowa – ✆ 12 433 73 10 - nov.-avr. : 9h-17h ; mai-oct. : 9h-19h. Ce bureau est situé sur le Rynek, dans la tour de l'hôtel de ville.
Pawilon Wyspiańskiego – Pl. Wszystkich Świętych 2 - ✆ 12 616 18 86 - 9h-17h.
Aéroport Kraków-Balice – Ul. kpt. Medweckiego 1 - ✆ 12 285 53 41 - juil.-août : 9h30-20h30 ; reste de l'année : 9h-17h.

Centre d'informations touristiques de Małopolska

(Małopolskie Centrum Informacji Turystycznej)
Ul. Grodzka 31/7 – ✆ 12 421 77 06 - www.mcit.pl - oct.-avr. : lun.-vend. 9h-17h, sam. 10h-16h, dim. 10h-14h ; mai-sept. : lun.-vend. 9h-20h, sam. 9h-17h, dim. 9h-16h.
Au rez-de-chaussée de la halle aux Draps, face à l'église Notre-Dame, il s'agit du bureau (privé) d'information de la région *(voïvodie)* Małopolskie, doublé d'une boutique. Vous y trouverez également un bureau de change.

Restauration

Véritables institutions polonaises héritées de l'époque communiste, les **bars mleczny** (bars à lait) fonctionnent en self-service. Ils drainent une clientèle modeste et proposent les plats les plus simples et les plus traditionnels. On y mange souvent bien et beaucoup pour environ 10 PLN. Pas de problème de compréhension du menu en polonais, ici, les plats sont visibles derrière le comptoir ; il vous suffira de pointer votre choix du doigt.
Les **restaurants** pour les touristes, où la décoration est parfois outrageusement exubérante, se font un devoir de proposer une large variété de plats. Mais leur cuisine est souvent peu inventive. Préférez un établissement plus discret, reconnu pour ses spécialités, et, si le budget suit, n'hésitez pas à pousser la porte d'un restaurant gastronomique.
Certains proposent des spécialités bien polonaises, mais on trouve aussi de nombreux restaurants représentatifs des pays voisins comme l'Ukraine.
À côté des restaurants classiques, on trouve des pizzerias et les chaînes de restaurants à mi-chemin du fast-food et de la cuisine « world ». Peu intéressants d'un point de vue gastronomique, ils ont la cote auprès des jeunes et des consommateurs branchés des grandes villes.
« Pourboire » p. 9, et « Nos adresses/Se restaurer », p. 24.

Tabac

Le prix des cigarettes est moins élevé qu'en France. On en trouve dans tous les petits kiosques, dans la rue ou dans les passages souterrains très fréquentés en hiver.

Taxi

Les stations sont signalées par un panneau « **Taxi** ». Les courses effectuées le week-end et la nuit (6h-22h) ainsi qu'au-delà des zones urbaines sont

majorées. Le premier kilomètre coûte environ 6 PLN, les suivants 3 PLN par kilomètre. Une heure d'attente coûtera environ 25 PLN. Les taxis garés devant les gares et l'aéroport peuvent être plus chers. Les taxis peuvent également être appelés par téléphone. Vérifiez toujours que le compteur fonctionne. Pour une course en ville, comptez de 6 à 20 PLN.
Radio Taxi Mega – ✆ 196 25.
Taxi Barbakan – ✆ 196 61.
Radio Taxi – ✆ 191 91.
Wawel Taxi – ✆ 196 66.

Téléphone

De l'étranger vers la Pologne

Composez le 00 puis le 48 (indicatif du pays), suivi du numéro de votre correspondant.

De la Pologne vers l'étranger

Pour la France, composez le 00 puis le 33 suivi du numéro de votre correspondant (sans le 0 initial).
Vers la Belgique : 00 puis le 32 ; vers la Suisse : 00 puis le 41.

À l'intérieur de la Pologne

Composez l'intégralité du numéro de votre correspondant. Les deux premiers chiffres permettent d'identifier la zone géographique de votre correspondant.
Quelques indicatifs régionaux – Varsovie : 22 ; Gdańsk : 58 ; Cracovie : 12.

Cabines

Elles fonctionnent avec des cartes *(Proszę kartę telefoniczną)* de 25, 50 et 100 unités en vente dans certains kiosques et à la réception de certains hôtels. Attention, si vous appelez un portable, les unités filent très vite ; en conséquence, achetez la carte comportant le plus d'unités possible.

Téléphones portables

Le réseau GSM en Pologne est couvert en « option Europe ». La couverture GSM est de bonne qualité sur l'ensemble du territoire. Tous les opérateurs français ont des accords avec les compagnies locales, pensez donc à souscrire à l'« option Monde » auprès de votre opérateur. Sachez cependant que toutes les communications (y compris les appels entrants) vous seront facturées hors forfait et au prix d'une communication internationale, même si vous appelez en Pologne. La note peut être rapidement « salée ».

Toilettes

Signalées par un cercle pour les femmes et un triangle pour les hommes. En général payantes dans les restaurants et les bars, même si vous avez consommé.

Transports en commun

Cracovie étant très peu étendue, vous emprunterez probablement peu les bus et tramways. Ils sont gérés par la compagnie **MPK** (✆ 191 50 - www.mpk.krakow.pl) et fonctionnent de 5h à 23h (mais il existe des bus de nuit).

Tarifs

Ticket simple : 3,80 PLN, pour un trajet sans changement.
Si vous avez des changements à effectuer au cours de votre trajet :

20mn (2,80 PLN), 40mn (3,80 PLN), 1h (5 PLN), 1h30 (6 PLN).
Il existe aussi des tickets valables un ou plusieurs jours : 24h (15 PLN), 48h (24 PLN) et 72h (36 PLN).
Krakow Tourist Card p. 8.
Les titres de transports s'achètent en kiosque, aux bureaux indiqués « Sprzedaż biletów MPK » ou aux machines automatiques des principales stations de tramway et à bord des tramways les plus récents. Vous pouvez également les acheter directement au conducteur, avec un supplément de 0,50 PLN.
Les titres de transport doivent être compostés en montant dans le bus ou le tramway (contrôles fréquents).

Vélo

L'absence de montées difficiles et la petite taille du centre touristique plaident pour ce moyen de locomotion. La ceinture verte des Planty, en particulier, invite à des balades en deux-roues.
Location de vélos :
Eccentric – Ul. Grodzka 2 - 12 430 20 34 - www.eccentric.pl - 9h-18h30 ;
Bike rental – Ul. św. Anny 4 - 501 745 986 - http://bike-rental.pl - 9h-12h.
Cruising Kraków – Ul. Basztowa 17 - 12 312 60 20 ou 514 55 60 17 - www.cruisingkrakow.com - 9h-20h.
Prudence ! – Attention aux tramways qui sont prioritaires, ainsi qu'aux rails, véritables pièges pour les roues des bicyclettes.

Visites guidées

Association des guides touristiques de Cracovie – Ul. Sienna 5 - 12 725 725 200 ou 12 415 32 62 - www.guide-cracow.pl ; Ul. Zacisze 12/4b - 12 421 89 79 - www.renesans.krakow.pl.
Association éducative Château royal de Cracovie (bureaux des guides) – Wawel 5 - 12 422 09 04 ou 12 429 33 36 - www.przewodnicy.krakow.pl.
Jarden Travel Agency – Ul. Szeroka 2 - 12 421 71 66 - http://jarden.com.pl. Visite du Kazimierz juif. Belle librairie associée *(Jarden Bookshop)* sur le même sujet.

Insolites

Crazy Guides – Krakusów 1a/31 - 50 009 12 00 - www.crazyguides.com. Visites atypiques, dont un parcours des rues de Nowa Huta à bord d'une authentique Trabant !
Calèches – www.krakow-tours.pl. Omnibus d'une douzaine de places, tractés par des chevaux. Ils stationnent sur la grande place du Marché (*p. 40*). 130 PLN pour 3h de visite guidée.

En bateau

Przystań Legenda – 12 604 299 000 - www.statek-krakow.pl - mai-sept. Croisières fluviales sur la Vistule autour de Cracovie et en direction de l'abbaye de Tyniec.

Agenda culturel

Ville dynamique, Cracovie propose toute l'année une grande diversité de festivals.
Bureau des festivals de Cracovie *(Krakowskie Biuro Festiwalowe)* – www.biurofestiwalowe.pl
Bureau d'informations municipales Ul. Św. Jana 2 – *p. 10.* Il publie aussi la revue mensuelle *Karnet* (4 PLN).
Le bimestriel *Kraków in Your Pocket* (*p. 9*) recense aussi les événements en cours. Ces deux magazines disposent de sites Internet.

Rendez-vous annuels

Ne manquez pas les **Nuits de Cracovie** *(Krakowskie noce)* : Nuit des musées en mai, Nuit du théâtre en juin, Nuit du jazz en juillet et Nuit sacrée (musique sacrée) en août ; une nuit entière pour écouter de la musique, voir des spectacles, visiter les musées et les édifices religieux que vous n'aurez peut-être pas l'occasion de revoir de sitôt. www.krakowskienoce.pl.
en mai, juin, juillet et août ci-après.

FÉVRIER

➔**Festival international de chants de marins** *(Shanties International Festival)* – Créé en 1981, ce festival inattendu rassemble des groupes du monde entier. www.shanties.pl

MARS

➔**Fête de Rękawka** – Elle se tient au pied du tertre de Krak en hommage au roi qui y fut enseveli. Allumage de feux rituels et course de guerriers médiévaux en costume.

PÂQUES

➔**Foire de Pâques** – Un grand marché sur le Rynek, établi dans de petits chalets en bois. Chants, bénédiction d'œufs de Pâques… Lundi de Pâques.
➔**Festival Misteria Paschalia** – Musique liée à la période de la Semaine sainte et de Pâques. www.misteriapaschalia.com

AVRIL-MAI

➔**Jazz à Cracovie** *(Jazz w Krakówie)* – Une semaine de concerts qui met à l'honneur tous les styles de jazz. www.jazz.krakow.pl

MAI

➔**Festival international de cinéma indépendant Off Plus Camera** – Cinéma indépendant polonais et étranger. www.offpluscamera.com
➔**Festival du film de Cracovie** *(Krakowski Festiwal Filmowy)* – Une semaine de projections et de rencontres. www.krakowfilmfestival.pl
➔**Mois de la photographie** *(Miesiąc Fotografii w Krakowie)* – Des expositions dans les galeries, mais aussi dans la rue où les photos s'affichent en grand format. www.photomonth.com
➔**Nuit des musées** *(Noc muzeów)* – Musées de la ville ouverts toute la nuit (19h-1h), le 3e w.-end de mai. www.noc-muzeow.pl
➔**Fête des étudiants de Cracovie** *(Kraków Juwenalia)* – Une semaine de concerts et de réjouissances qui culminent le vendredi avec un immense

défilé d'étudiants déguisés. À cette occasion, le maire leur remet les clefs de la ville. www.juwenalia.krakow.pl

JUIN

➔**Fête du Dragon de Wawel** *(Parada Smoków)* – De Wawel jusqu'au Rynek, processions de dragons organisées par une compagnie théâtrale. www.groteska.pl ou www.paradasmokow.pl

➔**Fête de la Ville** – Le 5 juin, les habitants ceignent leur front d'une couronne de papier en l'honneur de la Ville des rois. Chants populaires dans la rue et concerts sur le Rynek.

➔**Cortège du Lajkonik** *(Uroczysty Pochód)* – Le premier mardi après la Fête-Dieu, il rappelle le souvenir de l'invasion de Cracovie en 1247 par l'armée tatare dont Lajkonik fut le chef. www.mhk.pl

➔**Nuit des théâtres** *(Noc teatrów)* – L'équivalent de la Nuit des musées *(en mai)* : spectacles gratuits en plein air et dans les théâtres (danse, spectacles de rue, théâtre), rencontres avec les comédiens, visite des coulisses... 3e w.-end de juin. www.krakowskienoce.pl

➔**ArtBoom Tauron Festival** – Festival des arts visuels contemporains, à travers la ville. www.artboomfestival.pl

➔**Fête des Jardins** – Ouverture des portes de jardins habituellement fermés au public. Concerts, expositions et visites libres. www.swietoogrodow.pl

JUIN-JUILLET

➔**Festival international de concerts d'orgue** – Les concerts ont lieu dans les églises de Cracovie.

➔**Festival de la culture juive** *(Festiwal Kultury Żydowskiej)* – Pendant plus d'une semaine, concerts dans la rue et les synagogues, et manifestations autour de la culture juive. www.jewishfestival.pl

➔**Festival d'été de l'Opéra de Cracovie** – Rassemble les meilleurs spectacles de l'opéra de Cracovie. Les représentations ont lieu à l'opéra, au château royal de Wawel et dans la mine de sel de Wieliczka. www.opera.krakow.pl

JUILLET

➔**Nuit du jazz** *(Noc jazzu)* – L'équivalent de la Nuit des musées *(en mai)* : concerts gratuits en plein air, dans les clubs de jazz et dans les musées. 3e w.-end de juillet. www.krakowskienoce.pl

➔**Festival international de théâtres de rue** *(Międzynarodowy Festiwal Teatrów Ulicznych)* – Le Rynek devient à cette occasion l'une des plus grandes scènes à ciel ouvert de Pologne. www.teatrkto.pl

➔**Festival de musique traditionnelle Rozstaje** *(Festiwal Muzyki Tradycyjnej Rozstaje)* – Une semaine de concert pour découvrir la musique traditionnelle internationale. Dernière sem. de juil. www.rozstaje.pl

➔**Festival d'été de jazz** *(Letni Festiwal Jazzowy)* – Pendant un mois, concerts de jazz dans les caves de Piwnica pod Baranami, brasserie mythique située sur le Rynek. www.cracjazz.com

➔**Festival de danse de cour Cracovia Danza** *(Festiwal Tańców Dworskich Cracovia Danza)* – Un événement unique en son genre, puisqu'il remet au goût du jour les danses de cour. Fin juillet. http://cracoviadanza.pl

AOÛT

➔**Festival du pierogi** *(Festiwal Pierogów)* – Les célèbres raviolis polonais sont à l'honneur ce jour-là.

➔**Festival de musique classique** *(Festiwal Muzyka w Starym Krakowie)* – Pendant deux semaines, la musique classique sous toutes ses formes. http://capellacracoviensis.pl

➔**Nuit sacrée** *(Noc sakralna)* – L'équivalent de la Nuit des musées *(➔ en mai)*, mais pour la musique sacrée : concerts et expositions ont lieu dans les églises, couvents et monastères habituellement fermés au public. Autour du 15 août. www.krakowskienoce.pl

SEPTEMBRE

➔**Mois de la culture juive** *(Bajit Chadasz)* – Expositions, concerts et conférences autour de la culture juive. La manifestation est souvent à cheval sur septembre et octobre. www.judaica.pl

➔**Sacrum Profanum** – Festival de musique sacrée et profane. Il rassemble des artistes de renommée locale et internationale. www.sacrumprofanum.pl

➔**Festival de musique de film** – www.fmf.fm

➔**Selector Festival** – Festival de musique électronique. http://selectorfestival.pl

SEPTEMBRE-NOVEMBRE

➔**Autumn Jazz Festival** *(Krakowska Jesień Jazzowa)* – Festival de free jazz, au club Alchemia (quartier Kazimierz). De mi-septembre à novembre. http://kjj-festiwal.pl

OCTOBRE

➔**Festival de la chanson étudiante** *(Studencki Festiwal Piosenki)* – La popularité de ce festival, lancé en 1962, ne se dément pas. www.instytutsztuki.pl

➔**Unsound Festival** – Festival international de musique électronique. www.unsound.pl

➔**Festival de théâtre** *(Krakowskie Reminiscencje Teatralne)* – Théâtre alternatif, de toute l'Europe. http://krt-festival.pl

NOVEMBRE

➔**Zaduszki Jazz Festival** – Pendant une semaine, autour du 1er novembre. Également appelé le « festival de jazz de la Toussaint », il réunit les grands noms du jazz et du blues.

➔**Festival de musique polonaise** *(Festiwal Muzyki Polskiej)* – Ce festival permet de découvrir les créations des compositeurs polonais de musique classique. www.fmp.org.pl

DÉCEMBRE

➔**Opera Viva Festival** – Festival d'opéra au théâtre Juliusz-Słowacki. www.opera.krakow.pl

➔**Concours de crèches de Noël** – Pendant les dix premiers jours de décembre, une dizaine de crèches sont exposées sur le Rynek.

Événements 2014-2016

➔**Biennale internationale de l'architecture d'intérieur** – Mars 2014 - www.inaw.pl

➔**Festival Czesław Miłosz** – Mai 2015 - www.miloszfestival.pl
➔**Journées mondiales de la jeunesse** – Été 2016 - www.krakow2016.com. Après Rio en 2013, les prochaines JMJ auront lieu à Cracovie, en hommage au pape Jean-Paul II.

Expositions temporaires

Outre les musées décrits dans la partie « Visiter Cracovie », vous pourrez aller voir des expositions de qualité dans les lieux suivants :

Centre culturel international *(Międzynarodowe Centrum Kultury) – Rynek Główny 25 (1er étage) - ☎ 12 421 86 01 - www.mck.krakow.pl - mar.-sam. 11h-17h (18h en été et au printemps), dim. 11h-16h (17h en été et au printemps).* Expositions d'art moderne, du 19e s. à aujourd'hui.

Cricoteka Muzeum – *Ul. Kanonicza 5 - ☎ 12 422 83 32 - lun.-vend. 10h-14h (tlj en été).* Il a été créé en 1981 par Tadeusz Kantor afin de réunir ses collections et ses recherches sur le théâtre et les arts visuels. Plusieurs expos par an. ➔ *p. 69.*

Galerie d'art contemporain Bunkier Sztuki – *Plac Szczepański 3a - ☎ 12 422 10 52 - http://bunkier.art.pl - mar.-dim. 11h-18h.* Galerie municipale qui promeut les artistes cracoviens d'aujourd'hui.

Galeries d'art

Les galeries d'art vous permettront bien souvent de découvrir la création polonaise. N'hésitez pas à y entrer, même si vous n'avez pas l'intention d'acheter.

Galeria Kersten – *Ul. Sławkowska 5/7 - ☎ 12 424 08 49 - www.kerstengallery.com.pl - lun.-vend. 11h-19h, sam. 11h-15h.* Peintures, estampes et sculptures. L'objectif de cette galerie est de promouvoir les œuvres des plus brillants diplômés de l'Académie des beaux-arts.

Gallery Dominik Rostworowski – *Ul. św. Jana 20 lok. 11 - ☎ 12 423 21 51 - www.rostworowski.art.pl - lun.-vend. 11h-18h, sam. 11h-14h.* Peinture d'artistes cracoviens et des jeunes générations.

Jan Fejkiel Gallery – *Ul. Grodzka 65 - ☎ 12 429 15 53 - www.fejkielgallery.com - lun.-vend. 11h-18h, sam. 11h-15h.* Dessins et estampes contemporains. Cette galerie a été fondée en 1991 par l'historien d'art Jan Fejkiel.

Galeria Skarbiec - Marcin Łodziński – *Ul. Grodzka 35 - ☎ 12 422 60 56.* La galerie de bijoux la plus reconnue. Les créateurs de bijoux sont polonais ; ils utilisent l'or, l'argent, l'ambre et les pierres précieuses.

18

Cracovie toutes directions.

H. T. Kaiser / age fotosto

Nos adresses

Se loger

Loger à Cracovie n'est pas toujours facile, particulièrement en été.
La plupart des adresses sont concentrées dans la Vieille Ville ou dans ses abords immédiats, mais le rapport qualité/prix n'est pas toujours satisfaisant. Dans les catégories supérieures, les chambres sont confortables mais manquent parfois de charme.
Repérez les adresses sur le plan détachable grâce aux pastilles numérotées (ex. 1). Les lettres en rouge font référence à ce même plan.
Nos tarifs correspondent au prix minimum d'une chambre double en haute saison.

Centre-ville

DE 150 À 300 PLN (DE 35 À 70 €)

4 **Dom Polonii** – D4 - *Rynek Główny 14 - ✆ 12 422 43 55 - www.wspolnota-polska.krakow.pl - 2 ch. et 1 appart. - ☕ compris.* Située au 3ᵉ et dernier étage d'une belle bâtisse, cette pension propose deux chambres doubles donnant sur le Rynek, ainsi qu'un superbe appartement de quatre lits avec cuisine. Son bon rapport qualité/situation/prix fait de cet établissement l'un des plus convoités. Réservation plus qu'indispensable.

7 **Travellers Inn** – C5 - *Pl. Na Groblach 8/1 - ✆ 12 429 47 23 - www.travellersinn.pl - 5 ch. - ☕ compris.* À l'extérieur des Planty mais à 5mn à pied du Wawel, cette auberge de jeunesse offre des chambres propres au confort modeste. Et même si les douches et WC sont sur le palier, l'endroit présente un rapport confort/prix/situation des plus intéressants. Accès à la cuisine équipée et possibilité d'emprunter des vélos.

DE 300 À 500 PLN (DE 70 À 120 €)

10 **Hotel Wit Stwosz** – E4 - *Ul. Mikołajska 28 - ✆ 12 429 60 26 - www.wit-stwosz.com.pl - 17 ch. - ☕ 30 PLN - restaurant.* Propriété de l'église Notre-Dame *(voir p. 42)*, cette maison du 16ᵉ s., située dans une rue calme à l'est du Mały Rynek, offre un cadre raffiné et des chambres aussi élégantes que confortables. Celles du 4ᵉ étage, plus petites, sont un peu moins chères.

8 **Hotel Wawel** – D5 - *Ul. Poselska 22 - ✆ 12 424 13 00 - www.hotelwawel.pl - 38 ch. - restaurant.* Dans une rue tranquille au sud-est du Rynek.
Il subsiste fort peu d'éléments originaux de l'Hôtel National, de style Sécession, qui succéda à l'auberge à l'Œil Noir du milieu du 19ᵉ s. jusqu'au début du 20ᵉ s. Partiellement rénové dans un style néo-Art nouveau contemporain, cet hôtel propose des chambres au goût rétro ou d'autres plus modernes, mais plus chères, situées dans la partie construite sur l'arrière.

11 **Hotel Amber** – C3 - *Ul. Garbarska 10 - ✆ 12 421 06 06 - www.hotel-amber.pl - 18 ch. - ☕ compris.* L'hôtel est situé à proximité de la Vieille

Ville, dans une rue calme. Certaines chambres sont climatisées.

12 Hotel Classic – **E4** - *Ul. Tomasza 32 - ✆ 12 424 03 03 - www.hotel-classic.pl - 31 ch. - ☕ compris.* Ambiance chaleureuse et bonne situation pour cet hôtel. Chambres simples mais modernes.

13 Hotel Senacki – **D5** - *Ul. Grodzka 51 - ✆ 12 422 76 86 - www.hotelsenacki.pl - 20 ch. - ☕ compris.* Ce charmant hôtel se trouve juste en face de l'église Saint-Pierre-et-Saint-Paul. Les chambres au décor minimaliste sont confortables. Le petit-déjeuner est servi dans les anciennes caves.

PLUS DE 500 PLN (PLUS DE 120 €)

14 Pod Różą – **D3** - *Ul. Floriańska 14 - ✆ 12 424 33 00 - www.podroza.hotel.com.pl - 57 ch. - ☕ compris - restaurant.* Le « plus ancien hôtel » de Cracovie a vu passer dans ses murs Balzac et Liszt. Aujourd'hui, les chambres ont gardé un parfum d'antan grâce à leurs meubles anciens. À deux pas du Rynek.

15 Sheraton – **C5** - *Ul. Powiśle 7 - ✆ 12 662 10 00 - www.sheraton.pl/krakow - 232 ch. - ☕ compris - restaurant.* Hôtel de haut standing situé près du château de Wawel, au bord de la Vistule.

16 Hotel Stary – **D3** - *Ul. Szczepańska 5 - ✆ 12 384 08 08 - www.stary.hotel.com.pl - 53 ch. - ☕ compris - restaurant.* Un très bel hôtel, où des matériaux nobles et une décoration subtile marquent l'atmosphère unique du lieu, l'un des plus prestigieux en Pologne. Assurément pour se faire plaisir.

21 Hotel Unicus – **D3** - *Ul. Św. Marka 20 - ✆ 12 433 71 11 - www.hotelunicus.pl - 35 ch. - ☕ compris.* Une belle adresse au cœur de la Vieille Ville, à deux pas du Rynek. Tout le confort d'un établissement de standing et l'élégance d'une boutique-hôtel au décor très actuel. Restaurant renommé, installé dans les caves voûtées.

Kazimierz

DE 150 À 300 PLN (DE 35 À 70 €)

1 Klezmer-Hois – **E6** - *Ul. Szeroka 6 - ✆ 12 411 12 45 - www.klezmer.pl - 10 ch. - ☕ compris - restaurant.* À la fois hôtel, restaurant, galerie et lieu de concert, la « maison Klezmer » occupe d'anciens bains rituels juifs mikvé dans une belle bâtisse située au coin de la large rue Szeroka. De belles chambres spacieuses d'où il émane une agréable atmosphère des années 1930. Le restaurant est tout indiqué et la terrasse très tranquille.

2 Kolory – **E6** - *Ul. Estery 10 - ✆ 12 421 04 65 - www.kolory.com.pl - 13 ch. - ☕ compris.* Au cœur du Kazimierz branché, ce bed & breakfast dissimule sa réception au fond d'une boutique d'art naïf. Il tire sans doute son nom, « les couleurs », des figurines en bois et des tableaux chatoyants qui sont vendus ici et que l'on retrouve jusque dans les chambres accueillantes et bien tenues. Un bel endroit animé par une équipe très impliquée dans la vie et la défense du quartier. Les propriétaires sont francophones.

22 **Hôtel Royal** – **D6** - *Ul. Św. Gertrudy 26/29 - ✆ 12 421 35 00 - www.hotelewam.pl - 99 ch. - ☕ compris.* Occupant un bel immeuble Art nouveau au pied de la colline de Wawel, cet élégant hôtel dégage une atmosphère surannée. Ses vastes chambres sont garnies d'un mobilier en bois dans un style très classique. Un bon rapport qualité/prix.

23 **Spatz Aparthotel** – **E6** - *Ul. Miodowa 11 - ✆ 12 424 01 00 - www.spatz.pl - 28 ch. - ☕ compris - wifi gratuit.* Installé à la lisière de Kazimierz, non loin de la colline de Wawel, cet établissement propose de grandes chambres fonctionnelles au décor très actuel. Accueil sympathique.

DE 300 À 500 PLN (DE 70 À 120 €)

17 **Hotel Eden** – **E6** - *Ul. Ciemna 15 - ✆ 12 430 65 65 - www.hoteleden.pl - 27 ch. - ☕ compris.* L'hôtel est situé dans le quartier juif du vieux Cracovie et sa décoration s'y accorde bien (extraits de la Torah inscrits sur les portes, restaurant casher, peintures de la vie traditionnelle dans le Kazimierz, mikvé). Insolite : une grotte de sel où l'on vient se relaxer !

18 **Kazimierz II** – **E6** - *Ul. Starowiślna 60 - ✆ 12 426 80 70 - www.hk.com.pl - 23 ch. - ☕ compris - restaurant.* Hôtel moderne et confortable. Les chambres côté rue sont plus spacieuses, mais plus bruyantes.

24 **Crystal Suites** – **E6** - *Ul. Szeroka 14 - ✆ 12 370 20 42 - www.crystalsuites.info - 6 appart. - wifi gratuit - réception 9h-21h.* Sans doute l'une des meilleures options du quartier, sinon de la ville (l'établissement dispose aussi de 9 appartements dans le centre). Appartements de standing, vastes et très bien équipés, décorés avec goût. Accueil et service très attentionné. Une excellente adresse.

PLUS DE 500 PLN (PLUS DE 120 €)

19 **Hotel Ester** – **E6** - *Ul. Szeroka 20 - ✆ 12 429 11 88 - www.hotel-ester.krakow.pl - 31 ch. - ☕ compris - restaurant.* Hôtel situé en plein cœur du Kazimierz. Calme et repos font le charme de cet établissement, pourtant à quelques pas de l'animation du centre-ville.

20 **Rubinstein** – **E6** - *Ul. Szeroka 12 - ✆ 12 384 00 00 - www.rubinstein.pl - 28 ch. - ☕ compris - restaurant.* L'hôtel occupe une maison de ville du 15e s., au cœur du quartier historique de Kazimierz. Il porte le nom d'Helena Rubinstein, la célèbre créatrice de cosmétiques, qui a grandi dans cette rue. Le restaurant donne sur la cuisine vitrée, où l'on peut voir le cuisinier préparer des plats polonais et italiens.

Hôtel Stary.

Se restaurer

Les rues de la Vieille Ville et des faubourgs regorgent d'adresses en tout genre. La plupart pratiquent des tarifs similaires et plutôt abordables.
Pour le repas de midi, préférez les bars à lait *(bar mleczny)*, tout indiqués pour manger rapidement. Ces cantines populaires héritées de la période communiste ferment tôt (avant 20h) et proposent pour un prix modique (10-35 PLN) de vous sustenter dans une ambiance on ne peut plus polonaise.
Voir aussi « Prendre un verre » (certains cafés proposent des formules rapides), p. 28.
Repérez les adresses sur le plan détachable grâce aux pastilles numérotées (ex. 1). Les lettres en rouge font référence à ce même plan.
Nos tarifs correspondent au prix mini/maxi d'un menu ou de la combinaison entrée-plat-dessert.

Centre-ville

→DÉJEUNER

JUSQU'À 40 PLN (JUSQU'À 10 €)

7 **Bar Grodzki** – D5 - *Ul. Grodzka 47 - 12 422 68 07 - www.grodzkibar.zaprasza.net - lun.-sam. 9h-19h, dim. 10h-19h -* . Plus sélect que son concurrent de la même rue, ce bar à lait est une valeur sûre. Menu en anglais. Solide cuisine traditionnelle polonaise, dont les *placki* (galettes de pommes de terre recouvertes de goulasch).

23 **Bar Mleczny Restauracja Pod Temidą** – D5 - *Ul. Grodzka 43 - 12 422 08 74 - - 9h-21h.* Le bar à lait en self-service sans doute le plus couru de la ville, notamment par les étudiants de l'université Jagellonne toute proche. Moins de 10 PLN pour un repas (une salade, un plat et un sirop de fruits).

5 **Chimera** – C4 - *Ul. Św. Anny 3 - 12 292 12 12 - http://chimera.com.pl - 9h30-22h.* Sous la grande verrière ou dans les salles voûtées du sous-sol, on déguste ici sur le pouce de délicieuses salades *(10-16 PLN)* ou des menus complets avec porc rôti ou saumon grillé *(20 PLN)*. Très prisé par les étudiants et les végétariens.

29 **U Stasi** – D4 - *Ul. Mikołajska 16 - 12 421 50 84 - http://jadlodajniaustasi.republika.pl - lun.-vend. 12h30-17h - fermé en juil. -* . Sur le côté nord du Mały Rynek, au fond de la cour (accessible par le passage contigu à la pizzeria Cyclope) de la maison « Pod Trzema Lipami ». Ce très authentique lieu de restauration cracovien occupe une petite salle au plafond voûté. Carte en anglais, moins exhaustive que l'énumération orale des plats du jour. Les *pierogi* sont à l'honneur, à accompagner d'un traditionnel verre de sirop de fruits.

28 **U Babci Maliny** – D3 - *Ul. Sławkowska 17 - 12 422 76 01 - www.kuchniaubabcimaliny.pl - lun.-vend. 11h-23h, w.-end 12h-21h.* Un bar à lait situé dans les caves de l'Académie polonaise des arts et sciences. Pour le choix des plats, prenez exemple sur les autres clients : travailleurs, ouvriers étudiants et retraités s'y succèdent

tambour battant. Entrer puis prendre le couloir jusqu'à la porte en verre, puis en bas de l'escalier C.

DE 40 À 80 PLN (DE 10 À 20 €)

33 La Campana – **D5** - *Ul. Kanonicza 7 - ✆ 12 430 22 32 - www.lacampana.pl - 12h-23h.* Discrètement aménagé sous une arche, ce restaurant au charme champêtre, garni de commodes en pin et orné de frises faites de branches d'olivier, est agrémenté d'un superbe jardin clos aux tables séparées par des buissons. Belle variété de savoureux plats italiens ; optez pour l'assiette de prosciutto !

→DÎNER

JUSQU'À 40 PLN (JUSQU'À 10 €)

25 Restauracja Smak Ukraiński – **D5** - *Ul. Kanonicza 15 - ✆ 12 421 92 94 - www.ukrainska.pl - 12h-22h.* Ce restaurant, installé dans deux belles petites caves, fait la part belle à la cuisine ukrainienne. Ne pas manquer d'y boire un verre de *bras*, un curieux breuvage élaboré à partir de pain trempé qui vous rappellera le goût d'une trop célèbre boisson américaine. En été, on peut profiter d'une agréable terrasse intérieure. Attention, on y dîne tôt !

30 Wiśniowy Sad – **D4** - *Ul. Grodzka 33 - ✆ 12 430 21 11 - 12h-23h.* Une pièce unique où de petits riens, des napperons, un samovar, un piano, un miroir et un fond musical parfaitement adéquat suffisent à recréer une ambiance digne de Tchekhov. Guère étonnant lorsque l'on sait que la traduction du nom du lieu évoque *La Cerisaie*.

DE 40 À 80 PLN (DE 10 À 20 €)

1 Restauracja Balaton – **D5** - *Ul. Grodzka 37 - ✆ 12 422 04 69 - 12h-22h.* Un restaurant de spécialités gastronomiques magyares revisitées à la sauce polonaise. Depuis 1969, cette institution (qui porte le nom du grand lac hongrois) est une valeur sûre. Au menu, de copieuses portions, un service un peu rustre mais redoutablement efficace. Pas cher et roboratif.

3 Gospoda C. K. Dezerter – **D4** - *Ul. Bracka 6 - ✆ 12 422 79 31 - www.ckdezerter.pl - lun.-vend. 11h-23h, w.-end 10h-0h.* Pour une fois, pas question de descendre dans une cave, mais on pénètre de plain-pied dans une longue enfilade de trois salles à la déco d'inspiration austro-hongroise. Solide cuisine traditionnelle galicienne plutôt bon marché.

15 Restauracja Morskie Oko – **D3** - *Pl. Szczepański 8 - ✆ 12 431 24 23 - www.morskieoko.krakow.pl - 12h-0h.* Ici, tout se passe au sous-sol, dans une douzaine de caves voûtées, meublées de longues tables rustiques. Le tout aux couleurs et aux saveurs des montagnes des Tatras. Bon à savoir dans un sens comme dans l'autre, les dimanche et lundi, pas de musique traditionnelle *live*.

34 The Piano Rouge – **D4** - *Rynek Glówny 46 - ✆ 12 431 03 33 - www.thepianorouge.com - 8h-0h.* L'endroit vaut surtout pour son décor insolite, d'immenses caves voûtées « habillées » façon boudoir, toutes de tentures vêtues et plongées dans une ambiance très feutrée. Concerts jazz tous les soirs, autour du piano…

DE 80 À 140 PLN (DE 20 À 35 €)

19 **Restauracja Pod Aniołami** – D5 - *Ul. Grodzka 35 - 12 421 39 99 - www.podaniolami.pl - 13h-0h.* Le restaurant « Sous les Anges » fut jadis la résidence d'orfèvres. Les caves au joli mobilier rustique de bois sont préférables à la cour. Une cuisine traditionnelle polonaise plutôt raffinée mais aussi plus onéreuse qu'ailleurs.

PLUS DE 140 PLN (PLUS DE 35 €)

35 **Ancora** – D4 - *Ul. Dominikańska 3 - 12 357 33 55 - www.ancora-restaurant.com - 12h-23h.* Représentant du courant *slow food* en Pologne, Adam Chrzastowski est aussi un adepte de la cuisine « fusion » et sait mélanger avec bonheur différentes influences. La carte des vins compte plus de 400 références du monde entier. Le décor, qui mêle ancien et moderne, est très réussi.

Kazimierz

→ DÉJEUNER

JUSQU'À 40 PLN (JUSQU'À 10 €)

2 **Bagelmama** – E6 - *Ul. Dajwór 10 - 12 346 16 46 - www.bagelmama.com - - 9h-18h.* Un café préparant d'excellents bagels garnis au choix de thon, salade, saumon, ail, fromage frais. À déguster sur place ou, vu le nombre très restreint de places, à emporter.

9 **Pierożki U Vincenta** – E6 - *Ul. Bożego Ciała 12 - 506 80 63 04 - 11h-21h.* Aux couleurs de Van Gogh, ce restaurant n'est guère plus grand que le précédent. On y prépare plus d'une trentaine de sortes de *pierogi* différents vendus à la dizaine.

6 **Chłopskie Jadło** – D6 - *Ul. Św. Agnieszki 1 - 12 421 85 20 - www.chlopskiejadlo.pl - 12h-23h.* L'architecture intérieure de bois évoque une auberge de montagne des Tatras. Une institution gastronomique toujours pleine de tablées de touristes qui réunit désormais plusieurs enseignes dans le pays. Portions pantagruéliques.

8 **Once Upon a time in Kazimierz** – E6 - *Ul. Szeroka 1 - 12 421 21 17 - 10h-0h.* Ces quatre vieilles échoppes juives d'avant guerre reconstituées forment une salle de restaurant à l'atmosphère typique du Kazimierz d'autrefois. Touristique mais finalement pas si désagréable. Plats traditionnels juifs, comme l'excellent *Czulent* et la « fameuse » carpe farcie.

DE 40 À 80 PLN (DE 10 À 20 €)

32 **Starka** – E7 - *Ul. Józefa 14 - 12 430 65 38 - www.starka-restauracja.pl - 12h-23h (vend.-sam. 0h).* Ce petit restaurant offre un cadre charmant avec ses murs cramoisis couverts de dessins et de caricatures illustrant des scènes de la vie quotidienne d'antan.
La cuisine, polonaise comme il se doit, se révèle quant à elle plutôt moderne et l'ambiance musicale volontiers jazzy.

→ DÎNER

DE 40 À 80 PLN (DE 10 À 20 €)

31 **Ariel** – E6 - *Ul. Szeroka 17/18 - 12 421 79 20 - www.ariel.krakow.pl - 10h-23h.* Établi dans deux bâtiments, une aile abritant une galerie d'art privée, l'autre un café et un restaurant. Copieuse et honnête cuisine juive. Un concert de musique klezmer y est donné tous les soirs à 21h *(39 PLN).*

De nombreux restaurants sont installés sous les arcades de la halle aux Draps.

Prendre un verre

Envie de faire une pause autour d'un verre ? Les rues de Cracovie ne vous laisseront que l'embarras du choix. La ville regorge de bars et de cafés variés aux ambiances les plus diverses. Autour de l'université se rassemblent bien entendu les bars étudiants. Dans ces repaires d'intellectuels, on peut surprendre des discussions animées ou encore être témoin d'un cours sauvage donné par un professeur trinquant en compagnie de ses élèves. À côté, on découvrira, au choix, un bar branché noyé sous les décibels d'une musique tonitruante, un endroit plus calme pour une partie d'échecs ou encore un établissement tout entier dédié au café.

Centre-ville

Bunkier Cafe – D3 - *Pl. Szczepański 3a - ☎ 12 431 05 85 - http://bunkier.art.pl - 9h-2h.* Aux beaux jours, le béton du Bunker des Arts *(Bunkier Sztuki)* ouvre sa serre qui forme un agréable poste d'observation urbaine sur la verte ceinture des Planty et ceux qui y défilent. Étonnant café tout bleu à l'intérieur de la galerie *(entrée payante).*

Cafe Camelot – D3 - *Ul. Św. Tomasza 17 - ☎ 12 421 01 23 - 9h-0h.* Volontiers bohème, ce joli café, qui tente de perpétuer l'esprit du cabaret dans ses caves, vaut surtout pour sa grande et plaisante terrasse située dans un renfoncement sur le côté de la petite église St-Jean (Św. Jana). Thé ou café y sont proposés, mais on pourra également s'y sustenter, notamment de salades et de délicieux crumbles *(szarlotka).* Retenez que *Le Monde* y est en libre lecture. Spectacles tous les vend. à partir de 20h.

Café Dym – D3 - *Ul. Św. Jana 13 - ☎ 12 429 66 61 - 10h-0h.* Établissement réputé pour son excellent café et son gâteau au fromage blanc. Le lieu de rendez-vous des intellectuels de Cracovie.

Kawiarnia Jama Michalika – D3 - *Ul. Floriańska 45 - ☎ 12 422 15 61 - www.jamamichalika.pl - dim.-jeu. 9h-22h, vend.-sam. 9h-23h.* Sans doute le plus célèbre café de la ville, si ce n'est de Pologne. Un intimidant café à honorer cependant comme un véritable musée tant ses murs sont surchargés d'œuvres d'art. Des salles voûtées enfoncées dans une pénombre qui rendent l'atmosphère intérieure insoupçonnable depuis la rue. Vestiaire obligatoire. Non-fumeur.

Kawiarnia Noworolski – D4 - *Rynek Główny 1 - ☎ 12 422 47 71 - www.noworolski.com.pl - 8h-0h.* L'un des élégants cafés historiques de la ville ouvert depuis 1910 au rez-de-chaussée de la halle aux Draps, du côté de l'église Saint-Adalbert. On prendra place dans l'un des salons restaurés de style Art nouveau ou bien, quand le temps le permet, en terrasse pour profiter, en étant aux premières loges, de l'animation du Rynek.

Nowa Prowincja – D4 - *Ul. Bracka 3/5 - ☎ 12 430 59 59 - 8h-0h.* Dans une ambiance très « arty-délabrée », on croise étudiants en lettres volubiles et intellectuels discutant avec des airs de conspirateurs. Derrière les rideaux et meubles du fond de la grande salle s'en dissimule une autre plus intime.

Sklep z kawą « Pożegnanie z Afryką » – D3 - *Ul. Św. Tomasza 21 - ✆ 12 644 47 45 - 10h-21h.* Un beau café consacré depuis 1996 exclusivement… au café. Devant un alignement de petits brûleurs, on assiste à la confection (à l'eau de source !) du divin breuvage. Un décor de vieilles cartes postales et, il va de soi, de vieilles cafetières et d'anciens moulins. Vous y trouverez aussi une boutique dédiée au nectar noir.

Café Zakątek – D5 - *Ul. Grodzka 2 - ✆ 12 429 57 25 - de 9h au dernier client.* Laissez-vous transporter hors du temps présent dans ce petit café paisible. Vous y prendrez un verre avec une salade ou un sandwich, tout en écoutant un vieux disque passé sur l'antique gramophone de la maison.

Charlotte – D3 - *Pl. Szczepański 2 - ✆ 12 341 56 10 - www.bistrocharlotte.com - lun.-vend. 7h-0h, sam. 9h-0h, dim. 9h-22h.* Ce café-boulangerie, où vous trouverez pains variés, sandwichs, viennoiseries et pâtisseries, est par ailleurs une adresse tendance pour se retrouver autour d'un verre.

Kazimierz

Les Couleurs café – E6 - *Ul. Estery 10 - ✆ 12 429 42 70 - lun.-jeu. 7h-1h, vend.-sam. 7h-2h, dim. 8h-0h.* Bleu-blanc-rouge, telles sont les couleurs à l'honneur dans ce bar où, c'est le moins que l'on puisse dire, vous ne risquerez pas de vous trouver dépaysé, tant tout est là scrupuleusement accumulé pour évoquer l'Hexagone. Y compris *Le Canard enchaîné* et *Paris Match* pour lutter contre le mal du pays.

Café Singer – E6 - *Ul. Estery 20 - ✆ 12 292 06 22 - 9h-3h, vend.-sam. 9h-6h.* Ni bar à karaoké, ni hommage au célèbre écrivain de langue yiddish, ce café fait la part belle aux fameuses machines à coudre d'origine américaine qui servent aujourd'hui de tables pour les clients.

Café Mleczarnia – D-E 7 - *Ul. Meiselsa 20 - ✆ 12 421 85 32 - de 11h jusqu'au dernier client.* Un café au mobilier ancien et à l'ambiance romantique, éclairé à la bougie, où l'on sert un délicieux gâteau aux noisettes. Le plus : son jardin situé dans la cour de l'autre côté de la rue. Très prisé aux beaux jours, bien entendu !

Le Scandale – E6 - *Pl. Nowy 9 - ✆ 12 430 22 20 - www.lescandale.pl - 8h-1h (vend.-sam. 3h).* Si la terrasse, sur la place, ne se distingue pas de ses voisines, empruntez le passage pour rejoindre son agréable cour intérieure couverte d'une grande verrière amovible. Ceux qui voyagent avec des enfants apprécieront le coin qui leur est dédié, bien équipé.

Sortir

Grâce à son importante population estudiantine, la vie nocturne de Cracovie est animée. Les quartiers au nord du Rynek recèlent des bars discrets, des caves de brique labyrinthiques et des lounges feutrés dissimulés dans les étages des immeubles. Au sud, c'est Kazimierz, le nouveau quartier à la mode, qui remporte la palme. La Plac Nowy est le centre où tout converge. Vous pourrez déguster une *zapiekanka*, demi-pain garni comme une pizza, cuit au four, servie jusque tard dans la nuit dans les échoppes de la rotonde. Les bars alentour sont trop nombreux pour être tous cités et si l'**Alchemia**, bar tendance par excellence, se révèle inaccessible pour cause d'affluence, vous n'aurez aucun mal à trouver une place dans les autres bars et clubs tout proches.

Point d'informations municipales Ul. Św. Jana 2 – *p. 10*. Informations et vente de billets pour les spectacles. Il publie également la revue mensuelle *Karnet* (4 PLN).

Le bimestriel *Kraków in Your Pocket* (*p. 9*) recense aussi les événements en cours.

Centre-ville

CLASSIQUE ET OPÉRA

Deux salles emblématiques pour écouter de la musique classique ou de l'opéra :

Filharmonia Krakowska (Philharmonie de Cracovie) – **C5** - *Ul. Zwierzyniecka 1 - ✆ 12 619 87 33 - www.filharmonia.krakow.pl - billetterie : 11h-14h, 15h-19h, w.-end 1h avant le début du spectacle - fermé lun. - concerts 10/50 PLN.*

Opera Krakowska – **F3** - *Ul. Lubicz 48 - ✆ 12 296 61 00 - www.opera.krakow.pl - billetterie : 10h-19h, dim. 2h avant le début du spectacle - fermé lun. - opéras 15/140 PLN.*

BARS ET PUBS

Café Pauza – **D3** - *Ul. Floriańska 18 - ✆ 12 422 48 66 - lun.-vend. 10h-2h, sam. 10h-5h, dim. 12h-2h.* Pas question pour une fois de s'enterrer dans une cave ! Gravissez l'escalier du Paradise (regardez, c'est écrit !) pour rejoindre à l'étage ce bar branché, où se retrouve notamment tout ce que la ville compte d'expatriés.

CK Browar – **C3** - *Ul. Podwale 6-7 - ✆ 12 429 25 05 - 9h-1h, jeu. 9h-2h, vend.-sam. 9h-3h.* Les amateurs de bière ne sauraient manquer les larges caves de ce « royal et impérial » (CK) brasseur où quatre sortes de *piwo* fabriquées maison sont proposées, blondes ou brunes, de 11,5° à 14,5°. L'établissement, très apprécié des jeunes Cracoviens qui s'y retrouvent nombreux depuis son ouverture en 1996, fait aussi restaurant *(jusqu'à 22h)*.

JAZZ

U Muniaka – **D3** - *Ul. Floriańska 3 - ✆ 12 423 12 05 - www.umuniaka.pl - 19h-2h.* Ce club, créé par le saxophoniste Janusz Muniak, compte parmi les plus réputés de la ville. Installé dans une cave du 14e s., on y passe une soirée très cosy en sirotant un verre. Concerts tous les soirs à partir de 21h30.

Piec'Art – C3 - *Ul. Szewska 12 - ✆ 12 429 64 25 - http://piecart.pl - 19h-1h, vend-sam. 19h-3h.* Un autre club de jazz établi dans une cave, avec une très bonne acoustique. L'endroit est assez petit, très intimiste, aussi est-il vite bondé le week-end. Concerts à 21h30.

CLUBS

Stalowe Magnolie – D3 - *Ul. Świętego Jana 15 - ✆ 12 422 84 72 - http://stalowemagnolie.com - 20h-2h, vend-sam. 20h-4h.* Le « Magnolia d'acier » est sans doute l'un des clubs les plus en vue de la ville. Concerts *live* tous les soirs (répertoire varié, consultez le programme en ligne) dans un décor exubérant de salles voûtées. L'une d'elles est même équipée de lits !

Bomba – D3 - *Pl. Szczepański 2/1 - ✆ 782 602 999 - 10h-dernier client.* À la fois bar lounge et club. Soirées dansantes le w.-end avec DJ.

Kazimierz

BARS ET PUBS

Eszeweria – E7 - *Ul. Józefa 9 - ✆ 12 292 04 58 - 11h-2h, jeu.-sam. 11h-5h.* Murs patinés et meubles de jadis en bois composent avec les éclairages feutrés une atmosphère des plus intimistes. Un endroit idéalement calme pour une retraite romantique loin du vacarme des bars bondés de Kazimierz. Petit jardin où siroter une bière l'été.

Propaganda – E6 - *Ul. Miodowa 20 - ✆ 600 331 922 - www.pubpropaganda.pl - 12h-dernier client.* N'espérez pas un aperçu réaliste du Cracovie de l'époque communiste. La décoration et l'ambiance donnent dans la grosse parodie plus que dans la nostalgie. L'accumulation de reliques posées çà et là atteint même les murs où les portraits de Lénine voisinent avec toute une quincaillerie communiste. Le tout dans une ambiance de néon… rouge, comme il se doit.

Miejsce Bar – E6 - *Ul. Estery 1 - ✆ 783 096 016 - www.miejsce.com.pl - 10h-dernier client.* Un bar-club accueillant au design seventies post industriel : chaises de plastique de toutes les couleurs, murs de brique peints en blanc et affiches de films fantastiques polonais. Bonne ambiance.

CLUBS

Alchemia – E6 - *Ul. Estery 5 - ✆ 12 421 22 00 - www.alchemia.com.pl - 10h-4h, dim. 9h-2h.* Atmosphère insolite dans cette enfilade de quatre pièces, toutes plus ténébreuses les unes que les autres (mention spéciale tout de même pour la dernière qui évoque une cuisine désaffectée d'un autre âge). Mystérieux en diable, les lieux, où l'électricité semble bannie et la modernité absente, sont seulement éclairés à la bougie. C'est aussi un bon endroit pour écouter de la musique *live* (voir programme sur le site).

Shopping

À Cracovie, les meilleures rues où se livrer au shopping se trouvent dans les quartiers situés au nord du Rynek. C'est ici que nichent bijoutiers, boutiques de mode ou de produits de bouche.

À Kazimierz, vous trouverez aussi des boutiques tendance et des antiquaires. Férus de brocante ou d'objets de seconde main, ne négligez pas les Komis, sorte de dépôt-vente que vous croiserez partout en ville, qui proposent tout type d'objets d'occasion, de l'électroménager aux vêtements. Belles trouvailles toujours possibles.

Tailles – Les tailles polonaises correspondent aux françaises.

Soldes – Ceux d'hiver commencent après Noël et ceux d'été fin juin, et ce pour quelques semaines. Par ailleurs, des rabais peuvent être appliqués par les magasins pour écouler les stocks de fin de saison. Restez vigilant !

Dans la rue – Ne quittez pas la ville sans avoir goûté un **obwarzanek**, un bretzel de forme annulaire parsemé de différentes sortes de graines, vendu dans la rue par des marchands ambulants. Vous rencontrerez aussi parfois des marchands d'**oscypek**, ce délicieux fromage de brebis fumé fabriqué dans la région de Podhale.

Galeries marchandes – La fièvre a aussi gagné la Pologne… Située à côté de la gare (ul. Pawia 5), la **Galeria Krakowska** abrite sous son architecture ultramoderne la fine fleur des enseignes internationales. N'y perdez pas trop de temps ; les prix ne sont pas plus intéressants qu'en France.

Conseil – Vous désirez rapporter une bouteille de vodka ? Pour les marques les plus communes, rabattez-vous sur les *duty free* à l'aéroport.

Centre-ville

GALERIE D'ART

Galeria Plakatu Kraków – D4 - *Ul. Stolarska 8/10 - ✆ 12 421 26 40 - http://cracowpostergallery.com - lun.-vend. 11h-18h, sam. 11h-14h.* L'affiche polonaise n'a pas encore à Cracovie le musée qu'elle mériterait, mais une galerie entièrement consacrée à cet art dans lequel les Polonais excellent.

GOURMANDISES

Pijalnia Czekolady E. Wedel – D4 - *Rynek Główny 46 - ✆ 12 429 40 85 - www.wedelpijalnie.pl - 9h-22h.* La boutique du célèbre chocolatier polonais propose un grand choix de chocolats, biscuits et autres délicieuses douceurs, à découvrir aussi confortablement installé sous la verrière design du salon de thé.

Krakowa Manufaktura Czekolady – C3 - *Ul. Szewska 7 - ✆ 502 090 765 - http://chocolate.krakow.pl - 10h-22h.* Le temple du chocolat s'étage sur deux niveaux à deux pas du Rynek. On peut suivre la fabrication artisanale de ces multiples douceurs, élaborées dans un grand laboratoire exposé au regard des passants.

Galeria Plakatu Kraków, spécialiste de l'affiche.

eria Plakatu
Kramy Dominikańskie
ul. Stolarska 8/10
UNDER THE SKY OF MY HOMELAND
akowie!
die zofen
JEYSK

Ciasteczka z Krakowa – D3-4 - *Ul. Tomasza 21 - ✆ 12 423 22 27 - www.ciasteczkazkrakowa.home.pl - 9h-19h, dim. 10h-19h.* Comment résister aux pâtisseries, aux chocolats et aux gourmandises qui emplissent les vitrines et garnissent les tables de cette boutique ? L'endroit est aussi un salon de thé très cosy à l'atmosphère exubérante.

Krakowski Kredens – D4 - *Ul. Grodzka 7 - ✆ 12 423 81 59 - www.krakowskikredens.pl - lun.-vend. 10h-20h, sam. 11h-19h, dim. 11h-18h.* Vous trouverez chez cet épicier-traiteur un rien luxueux toutes les spécialités de bouche polonaises qui vous auront séduit au cours de votre séjour. Charcuteries, bien sûr, mais aussi plats préparés en bocaux, ingrédients rares, le tout soigneusement sélectionné, conditionné et présenté.

Kopernik – D4 - *Ul. Grodzka 14 - ✆ 12 431 13 06 - www.kopernik.com.pl - lun.-vend. 11h-19h, sam.-dim. 10h-18h.* Cette boutique propose toutes les variétés de pains d'épices possibles et imaginables. Et même s'ils sont originaires de Toruń et non de Cracovie, ces *pierniki* restent une spécialité polonaise incontournable.

Szambelan – D4 - *Ul. Bracka 2 - ✆ 12 628 70 93 - www.szambelan.pl - lun.-sam. 10h-20h, dim. 11h-18h.* Sur des étagères, des bocaux renferment des dizaines de liqueurs régionales aux arômes de fruits, d'herbes ou de miel. Belle collection de bouteilles vides décorées pour emporter le breuvage de votre choix. Dégustation.

Staropolskie Trunki – D3 - *Ul. Floriańska 20 - ✆ 793 720 330 - 10h-2h.* Une petite boutique tout en longueur et, derrière le comptoir, une équipe sympathique qui vous fera déguster les divins breuvages qui s'alignent sur les étagères. Vous trouverez ici une multitude de liqueurs régionales (aux fruits, aux herbes ou au miel).

LIVRES

Massolit Books – C5 - *Ul. Felicjanek 4 - ✆ 12 432 41 50 - www.massolit.com - dim.-jeu. 10h-20h, vend.-sam. 10h-21h.* La plus charmante librairie de Cracovie ressemble à un appartement de bibliophile. Des livres du sol au plafond dans un enchevêtrement de pièces où l'on peut bouquiner sur un canapé ou encore grignoter tarte au citron ou cake aux carottes dans le salon-café. Beau choix de livres en anglais.

PUCES ET BROCANTES

Hala Targowa – E-F5 - *Ul. Grzegórzecka - 7h-15h.* Ce marché en plein air de fruits et légumes se métamorphose le dimanche matin en marché aux puces-vide grenier. On peut y trouver des choses aussi incongrues qu'une tête de brochet empaillée, quelques kilos de clous rouillés ou des trésors insoupçonnés tels que de rares bibelots ou des gravures anciennes.

INSOLITE

Este Galeria Osobliwości – D3 - *Ul. Sławkowska 16 - ✆ 12 429 19 84 - www-este.krakow.pl - lun.-vend. 11h-19h, sam. 11h-15h.* Un véritable cabinet de curiosités ! Le cadre, superbe avec ses boiseries et ses larges vitrines, évoque le plus feutré des musées. Les objets et les œuvres en vente sont choisis avec soin : minéraux, coquillages rares, meubles orientaux, art africain et d'Océanie, bijoux anciens, ambre…

BIJOUX

Ofir – D3 - *Ul. Floriańska 12 - ✆ 12 421 98 85 - lun.-vend. 10h-19h, sam. 10h-15h.* De l'ambre, bien sûr, mais aussi des bijoux originaux créés par des designers locaux. En particulier, la production sobre de Mariusz Deka (www.deka-jewellery.pl), concepteur de bijoux originaire de Cracovie, qui allie lignes épurées et formes presque organiques.

My Gallery – D4 - *Ul. Gołębia 1a - ✆ 12 431 13 44 - www.mygallery.pl - lun. 11h-18h, mar.-vend. 10h-18h, sam. 10h-16h.* Une toute petite boutique qui fait la part belle aux bijoux de créateurs polonais locaux, quelques tableaux, céramiques et œuvres graphiques, ainsi que des vêtements tendance en tirage limité !

ENFANTS

Galeria Bukowski – D4 - *Ul. Sienna 1 - ✆ 12 433 88 55 - http://galeriabukowski.pl - 10h-19h, dim.-lun. 10h-18h.* Pénétrez dans le royaume de l'ours en peluche polonais ! Petit, gros, en couleur, vous y trouverez certainement le bonheur de vos enfants. Autres animaux également disponibles…

Kazimierz

PUCES ET BROCANTES

Marché Plac Nowy – E6 - *Plac Nowy.* Un vrai petit marché de quartier ! Fruits et légumes sur la place, charcuteries et fromages dans la rotonde. Chaque jour apporte son lot de surprises. Les mardi et vendredi matin sont consacrés aux animaux, le dimanche, les vêtements sont à l'honneur. L'angle sud de la place accueille souvent des brocanteurs.

Galeria Szalom – E7 - *Ul. Józefa 16 - ✆ 12 430 65 05 - lun.-vend. 11h-18h, sam. 11h-15h.* Les deux minuscules pièces de ce formidable magasin d'antiquités regorgent de trésors. Bibelots, objets et accessoires, mais aussi photos et documents anciens se devinent derrière la vitrine, tandis que les vêtements, chics et vénérables, attendent leurs amateurs dans un minuscule réduit.

LIVRES

Austeria Bookshop – E7 - *Ul. Józefa 38 - ✆ 12 411 12 45 - www.austeria.eu - 9h-20h.* Située sous la Haute Synagogue, cette librairie est spécialisée dans la littérature et l'histoire juives avec quelques titres en français. Sélection de disques de musique klezmer.

DÉCO ET DESIGN

Archetyp – E6 - *Ul. Estery 10 - ✆ 669 322 505 - www.archetyp.art.pl - lun.-sam. 11h-19h, dim. 11h-15h.* Les amateurs d'art naïf et populaire trouveront ici leur bonheur. Débusquées avec soin dans la Pologne rurale, les sculptures en bois polychrome vendues ici sont les œuvres d'artistes du sud de la Pologne.

Vue de Cracovie.

H. T. Kaiser / age fotostock

Visiter Cracovie

Cracovie aujourd'hui

Un héritage de pierre

Avec plus de quatre millions de visiteurs chaque année, Cracovie est l'une des premières destinations touristiques d'Europe centrale. Elle est bien loin l'époque où l'ancienne capitale des rois de Pologne faisait figure de belle endormie dans la grisaille communiste. Après la chute du Mur et une fois passé le contrecoup de la liberté recouvrée, il fallut bien peu de temps à Cracovie pour retrouver sa joie de vivre, son effervescence intellectuelle et artistique. Fière de son riche patrimoine historique et architectural autant que de ses 30 musées, la troisième ville de Pologne fait partie du club très fermé des villes inscrites sur la liste du Patrimoine mondial de l'Unesco. Son histoire se lit dans ses murs où s'entrechoquent et se répondent dans une harmonie surprenante les styles architecturaux et les traces d'un passé royal. La Cracovie historique que vous allez parcourir pendant votre séjour est restée par son plan presque inchangée depuis des siècles. Son centre historique épargné par la guerre et le communisme fait depuis ces dernières années l'objet d'une vaste politique de réhabilitation. Les noirs dépôts des industries communistes ont été lavés des façades, les édifices historiques restaurés et partout les rues pavées du centre médiéval ont retrouvé leur lustre d'antan. Cette modernisation parfois effrénée a un prix que paient les classes populaires contraintes de quitter le cœur de la cité. De même, la tentation des centres commerciaux et d'un urbanisme uniformisé pourrait la conduire à ressembler à n'importe quelle autre ville. Mais c'est compter sans son caractère bien trempé. Désormais épanouie, Cracovie se révèle à elle-même plus qu'elle ne se transforme.

Une ville dynamique

Bienvenue dans une ville-musée reconquise par ses habitants. Chaque maison historique a donné refuge à un restaurant, à un bar ou à une boutique. L'effervescence y est permanente. Durant l'année universitaire, Cracovie vit au rythme des 130 000 étudiants (pour 754 000 habitants) venus du monde entier étudier dans la demi-douzaine d'universités. Ils sont le symbole d'une cité tournée vers l'avenir, une cité qui les célèbre tous les ans au cours d'une fête où le maire leur remet les clefs de la ville. La journée, ils animent les rues autour de l'université. Le soir, les bars bondés jusque tard dans la nuit, les clubs et les salles de concert sont leurs repaires nocturnes. Suivez leur sillage ! Ils sont la garantie d'une soirée inoubliable. L'été, lorsqu'ils ont déserté la ville, ils sont relayés par les hordes de touristes. Sous un ciel bleu et un temps parfois caniculaire, le charme opère plus que jamais. La saison culturelle bat son plein, une saison qui semble d'ailleurs s'étendre sur toute l'année. Festivals, expositions, concerts se succèdent au

fil des mois à un rythme effréné. C'est donc très logiquement que Cracovie fut capitale culturelle européenne en 2000. L'hiver, l'ambiance des marchés et des chants de Noël, des rues noyées dans la brume est à nulle autre pareille. C'est la saison idéale pour s'adonner au tourisme culturel et plonger au plus profond dans les collections des musées. Vous y trouverez des trésors. Cracovie est l'une des six villes au monde à posséder un tableau de Léonard de Vinci.
Cité à taille humaine, Cracovie se découvre à pied ou à vélo ! Un plaisir d'autant plus grand que, traversée par une unique artère, la Vieille Ville est interdite aux voitures. Au pied de la colline de **Wawel** s'étend la **ville médiévale** dont les remparts furent supprimés au 19e s. et remplacés par la ceinture de verdure des **Planty**. Si vous avez peu de temps, concentrez-vous sur le centre ancien autour du **Rynek** et de la halle aux Draps, sur les bâtiments de la fameuse **université Jagellonne** et la visite du château de Wawel et de sa cathédrale, panthéon des rois polonais. Passez au moins une soirée dans le quartier juif de **Kazimierz**. Situé au sud-est, hors les murs médiévaux, ce quartier juif formait jusqu'en 1820 une ville distincte, tout comme **Podgórze** située sur l'autre rive de la Vistule.
Si vous pouvez séjourner à Cracovie plus longtemps ou si un premier séjour bref vous a donné envie de revenir pour en découvrir plus, lancez-vous dans l'exploration des musées, des monuments et savourez pleinement l'ambiance des rues.
Côté excursions, rendez-vous dans l'ancienne utopie communiste de **Nowa Huta** (la Nouvelle Fonderie). À l'est, à une dizaine de kilomètres de Wawel, cette cité-satellite moderne érigée en 1949 sur l'ordre de Staline est enfin fréquentable et réinvestie par les Cracoviens. Créée de toutes pièces autour d'un village, elle recèle un monastère cistercien, ainsi qu'une église moderne, l'Arche.
Au sud de Cracovie s'enchevêtrent les réseaux souterrains de la tentaculaire mine de sel de **Wieliczka**, et à 30 km à l'ouest s'étendent les vestiges du tristement célèbre camp d'**Auschwitz**. Pour chacune de ces excursions, prévoyez une heure à une heure et demie de trajet, et une bonne journée pour les visiter. Dans la proche banlieue, le site de **Zwierzyniec** vous réserve de belles balades dans un cadre champêtre parsemé de tertres anciens. Vous aurez tôt fait de vous rendre compte qu'un week-end, si prolongé soit-il, ne suffira pas. Et quand bien même vous auriez tout vu, le charme unique de Cracovie vous marquera au point de revenir un jour plonger dans l'atmosphère de ses rues.

Le Rynek★★★

(Grande place du Marché)

Une visite de Cracovie commence invariablement par la grande place du Marché, cœur de la ville vers lequel, tel un aimant, vos pas vous ramèneront toujours. Centre de la vie religieuse, économique et politique du Cracovie médiéval, le Rynek reste encore le point névralgique du Cracovie touristique d'aujourd'hui. Ce vaste quadrilatère de 200 m de côté (soit 4 ha de superficie) constitue un rare exemple préservé d'aménagement urbain médiéval original. Sa création date de 1257 lorsqu'une charte municipale fut accordée par le roi Boleslas le Chaste.

➔**Accès** : au centre de la Vieille Ville. Plan détachable D4 et **plan de quartier p. 48-49**.

➔**Conseils** : au lieu d'écumer le Rynek en une seule fois, pourquoi ne pas y faire halte chaque fois que votre exploration de la ville vous y ramène ? Une bonne façon de découvrir progressivement chacun de ses trésors.

Église Notre-Dame★★★

(Kościół Mariacki)

B2 - *Nef en accès libre pour les fidèles ; accès au chœur payant, par la Pl. Mariacki (sur le côté droit) - ✆ 12 422 05 21 - lun.-sam. 11h30-17h45, dim. et fêtes 14h-17h45 - 10 PLN.*

Principale église paroissiale de Cracovie, l'altière façade de l'église Notre-Dame domine obliquement l'angle nord-est du Rynek. Dédiée à l'Assomption de la Vierge, elle est la troisième du nom à avoir été bâtie sur cet emplacement. Reconstruite entre 1355 et 1408 en style gothique, elle incarne la toute-puissance de la bourgeoisie cracovienne qui finança sa construction.

Extérieur – Sa sévère **façade** s'ouvre par un **porche polygonal** du baroque tardif (1750-1752) dessiné par l'architecte italien Francesco Placidi. Les portes latérales sont ornées des têtes sculptées en bronze des apôtres, la porte centrale de saints polonais, réalisés par Karol Hukan en 1929. Au rez-de-chaussée de la tour dite *hejnalica* (de la fanfare) se trouve la **chapelle Saint-Antoine** ou chapelle des Malfaiteurs (capella captivorum) ; les criminels y passaient la nuit précédant leur exécution en compagnie de leur confesseur. En face, la **chapelle de la Vierge de Częstochowa** abrite une copie (17e s.) de la fameuse icône du sanctuaire de Jasna Góra (mais une légende locale se plaît à laisser penser qu'il s'agit de l'originale). Plusieurs anecdotes concernent ses **tours** dissymétriques, celle de gauche (81 m) dominant celle de droite (69 m). Selon l'une d'elles, deux frères architectes auraient rivalisé pour leur construction jusqu'à ce que l'un

La halle aux Draps et le beffroi de l'hôtel de ville sur le Rynek, véritable cœur de Cracovie.

assassine l'autre, mettant un coup d'arrêt à leurs élévations respectives. Enfermé dans la chapelle Saint-Antoine (d'où la tradition mentionnée plus haut), le fratricide fut exécuté dès le lendemain, mais aucun architecte n'accepta jamais de terminer l'autre tour, marquée par l'empreinte du crime, conduisant ainsi la municipalité à la coiffer en l'état d'une coupole. L'arme du forfait, un vieux couteau à la lame oxydée, pend toujours sous l'une des arcades de la halle aux Draps pour rappeler que le crime ne paie jamais. La tour de droite ou tour des Cloches a toujours fait office de beffroi municipal, tandis que la tour de gauche servait de tour de guet. Cette dernière fut surmontée en 1478 d'une coupole gothique composée de 16 clochetons entourant une haute flèche centrale, enchâssée par une couronne dorée de 350 kg (financée par un bourgeois en 1666) et terminée par une boule dorée. Elle est liée à l'une des principales légendes et attractions cracoviennes : le hejnał *(encadré ci-contre)*.

Intérieur – Son aspect résulte des travaux d'embellissement entrepris à l'époque baroque (1753-1754) par Placidi, puis des rénovations effectuées en 1889-1891 par l'architecte Tadeusz Stryjeński pour restituer l'aspect gothique primitif. Le peintre **Jan Matejko**, épaulé par ses jeunes apprentis du moment, Wyspiański, Mehoffer et Dmochowski, fut alors chargé de couvrir les murs de la nef centrale de **peintures** (1889-1892) et de concevoir des **vitraux**, dont celui ornant la façade, réalisé d'après un projet de Wyspiański.

Le chœur – Depuis la sombre nef, tous les regards convergent vers la profondeur du chœur où s'impose, sur fond de somptueux **vitraux gothiques★★** du 14e s. et encadré par les peintures de Matejko, l'autel principal.

L'autel principal ou retable de Veit Stoss★★★ – *L'ouverture des volets du polyptyque a lieu chaque jour à 11h50.* L'autel principal est orné d'un gigantesque polyptyque de cinq panneaux aux sculptures exécutées en bois de tilleul peint et doré. Pièce maîtresse de l'église, cet éclatant joyau est l'œuvre magistrale du sculpteur d'origine nurembergeoise Veit Stoss (1438-1533), dont le nom polonisé est Wit Stwosz. Réalisé entre 1477 et 1489, ce vaste retable de 13 m de hauteur sur 11 m de large constitue l'un des plus grands maîtres-autels gothiques du genre. Orné de près de 200 personnages, il représente un cycle essentiellement consacré à la vie de la Vierge. À la base du retable se trouve l'Arbre de Jessé symbolisant la généalogie de Marie et du Christ. Au centre du retable ouvert, la **scène principale** représente la **Dormition de la Vierge** (selon les écrits, son dernier sommeil durant lequel se déroula son Assomption). Chancelante, elle est soutenue par saint Jacques et entourée des apôtres. Au-dessus d'eux figure en miniature la scène de **l'Assomption** où huit anges élèvent Marie, accompagnée par le Christ, vers le ciel. Dans l'encadrement en arc de cercle se contorsionnent les prophètes, tandis que dans les angles dominent les Pères de l'Église. Surmontant le panneau central, un **baldaquin** ajouré représente le **Couronnement de la Vierge** entourée d'anges et des deux saints patrons de la Pologne, Adalbert à droite et Stanislas à gauche. Les **panneaux latéraux** décrivent six scènes heureuses de la vie de la Vierge et laissent apparaître, une fois les panneaux centraux repliés, douze bas-reliefs rehaussés de peintures vives illustrant les principaux épisodes de sa vie. Victime des vicissitudes occasionnées par la Seconde Guerre mondiale, ce précieux retable fut démonté au mois d'août 1939 et caché à Sandomierz. Retrouvé par les Allemands, l'inestimable butin prit la direction du château de Nuremberg dans les caves duquel il fut découvert à la fin de la guerre. Il fut rapporté à Cracovie en 1946 et on le confina dans les réserves du château de Wawel, d'où il ne ressortit qu'en 1957 pour réintégrer son emplacement initial dans le chœur de l'église.

L'extrémité de la nef latérale droite abrite un très réaliste et pathétique **Christ en pierre★★** du gothique tardif (1496), dû également au grand talent de Veit Stoss. Placé dans un encadrement du baroque tardif, le crucifix inscrit la bouleversante agonie du Christ sur un fond de tôle d'argent décorée au repoussé figurant Jérusalem. À l'angle droit du chœur et du transept se dresse l'imposant **ciboire Renaissance★** (1554) réalisé par Giovanni Maria Padovano, devant lequel un panonceau vous « invite » très fermement à vous agenouiller. De l'autre côté du mur, dans l'angle inférieur droit du chœur, se dresse le **monument funéraire de la famille Montelupi** (inspiré du travail de Santi Gucci), dont les stalles sont surmontées par les bustes des défunts disposés dans des niches. En vis-à-vis se trouve celui de la **famille Cellari**. Également dignes d'intérêt sont la chaire baroque et les chapelles latérales

LE HEJNAL

Toutes les heures, une mélodie de cinq notes angoissées est jouée par un trompettiste du plus haut des tours de l'église Notre-Dame. Depuis la fin du 14e s., un guetteur annonçait ainsi quotidiennement l'ouverture et la fermeture des portes de la ville, et donnait également l'alarme en cas d'incendie ou d'attaque ennemie. La légende prétend qu'à l'occasion d'une incursion tatare, le signal du guetteur fut brusquement interrompu par une flèche lui transperçant la gorge. En ce souvenir, la mélodie s'interrompt encore brutalement aujourd'hui. Le rituel très précis en a été établi au 16e s. : le signal commence à l'ouest puis s'exécute ensuite aux trois autres points cardinaux, en attendant l'heure prochaine. Pour observer le hejnał, l'idéal est de se placer devant l'église Sainte-Barbe, où le souffleur en exercice, très souvent applaudi, gratifie généralement son public d'un amical salut. Le signal (Hejnał Mariacki) *est retransmis en direct chaque jour à midi sur les ondes de la radio nationale polonaise.*

dont plusieurs contiennent de beaux tombeaux Renaissance.

Église Sainte-Barbe

(Kościół Św. Barbary)

B2

Tournée vers la place Notre-Dame, sur le côté sud de la basilique, cette église, dont la nef date de la fin du 14e s., fut redécorée à la période baroque. Elle faisait autrefois office de chapelle pour le cimetière paroissial qui occupait la petite place et fut utilisée jusqu'en 1796. Outre un plafond baroque dû à Piotr Molitor, une chapelle fin 15e-début 16e s., sous le porche, retient l'attention. Elle renferme un groupe sculpté constitué par Jésus entouré de trois apôtres priant dans le jardin des Oliviers, une œuvre d'un disciple de Veit Stoss. Contigu à l'église, le couvent des Jésuites communique de l'autre côté avec la paisible **place du Petit Marché** (Mały Rynek), ancien marché à viande.

Notez, sur la **petite place Mariacki**, la **fontaine** surmontée par la statue d'un très photogénique personnage dénommé l'Étudiant *(Pomnik Żaka)*. C'est une copie, érigée en 1958 par une association d'artisans, d'un des personnages du fameux retable de Veit Stoss qui décore l'autel de la basilique adjacente.

Maison Hipolit

(Kamienica Hipolitów)

B2 - *Pl. Mariacki 3 - ✆ 12 422 42 19 - www.mhk.pl - avr.-oct. : merc.-dim. 10h-17h30 ; nov.- mars : merc., vend.-dim. 9h-16h, jeu. 12h-19h - 9 PLN ; gratuit le merc.*

Annexe du Musée historique de la ville, cette demeure du 14e s. se trouve sur le côté gauche de Notre-Dame. Elle est ainsi nommée d'après la famille de marchands qui l'habita à partir de 1599. Propriété plus récente de la famille Zaleski, elle est parfois désignée comme la « Maison bourgeoise », car elle présente la reconstitution d'un intérieur bourgeois cracovien. Ses deux étages sont encombrés de meubles et d'objets. L'édifice est réputé pour ses balcons en bois du 16e s. situés côté cour.

Monument à Adam Mickiewicz

(Pomnik Adama Mickiewicza)

B2

Face à l'entrée latérale est de la halle aux Draps trône le monument érigé à la mémoire du poète romantique Adam Mickiewicz (1798-1855). Né dans l'actuelle Lituanie en 1798, il ne mit pourtant jamais les pieds de son vivant à Cracovie. Mort en 1855 près de Constantinople, il dut patienter encore trente-cinq ans avant que sa dépouille ne soit acheminée le 4 juillet 1890 dans la crypte de la cathédrale de Wawel. Point de ralliement préféré des Cracoviens, la statue est désignée par l'expression *« Pod Adasiem »*, forme déclinée – à partir du petit nom amical donné au poète – signifiant littéralement « sous Adaś ». Réalisée par le sculpteur Teodor Rygier et inaugurée pour le centenaire de la naissance de Mickiewicz en 1898, la statue en bronze est perchée au sommet d'un haut

La halle aux Draps et le monument à Adam Mickiewicz.

ADAMOWI
MICKIEWICZOWI
NARÓD.

piédestal entouré par quatre figures allégoriques symbolisant le patriotisme, la poésie, l'éducation et l'héroïsme. Parce qu'il représentait un véritable symbole national, ce monument fut l'un des premiers de Cracovie à être mis à bas en 1939 par l'occupant nazi, et ce n'est qu'en 1955, à l'occasion du 100e anniversaire de la mort du poète, qu'il fut remplacé par une copie.
Le premier jeudi de décembre, un concours de crèches est organisé au pied du monument. En forme de châteaux et d'églises, elles s'inspirent d'éléments de l'architecture cracovienne.

Halle aux Draps★

(Sukiennice)

B2 - *Rynek Główny 1-3.*
Allongée au milieu de la place du Marché, l'imposante silhouette de l'ancienne halle aux Draps, fameuse pour ses créneaux ornés de jolis mascarons de pierre, concourt certainement pour beaucoup à la beauté de la place.
Bâtie à la fin du 14e s. et affectée au commerce du drap, elle fut détruite par un incendie en 1555 et reconstruite aussitôt dans le style Renaissance par l'Italien Giovanni Il Mosca dit Padovano, qui la rehaussa d'un splendide attique, sculpté par le Florentin Santi Gucci, visant à masquer les raides pignons. Enlaidie ultérieurement par l'adjonction de nombreuses constructions annexes, elle fut redessinée entre 1875 et 1879 par Tomasz Pryliński qui ajouta notamment les arcades latérales dans un style néogothique. Vouée, comme les arcades, au commerce touristique, la galerie centrale du rez-de-chaussée aligne aujourd'hui des étals d'artisanat polonais, tandis que le 1er étage abrite depuis 1883 la galerie d'Art polonais du 19e s.

Galerie d'Art polonais du 19e s.★

(Galeria Malarstwa Polskiego)

B2 - *Halle aux Draps - Rynek Główny 1-3 - ✆ 12 424 46 00 - www.muzeum.krakow.pl - mar.-sam. 10h-20h, dim. 10h-18h - dernière entrée 30mn av. fermeture - 12 PLN ; audioguide (en français) 5 PLN - accès à la terrasse panoramique 10h-23h (2 PLN).*
Ce musée permet de découvrir les **maîtres de la peinture polonaise** de l'époque des Lumières à la fin du 19e s., exposés ici depuis 1883. À voir, l'œuvre

Le couteau

À l'extrémité du passage transversal, face au monument de Mickiewicz, vous apercevrez, suspendu en l'air sur la gauche, un étrange couteau en métal. Deux versions s'affrontent sur cette présence incongrue ; la première pour rappeler aux voleurs que le châtiment encouru consistait à leur couper les oreilles, la seconde est liée au drame relatif à la construction des tours de Notre-Dame (p. 40).

rustique de Józef Chełmoński, dont le fameux panoramique *Czwórka* (1881) figure un attelage de quatre chevaux lancés au galop qui donne l'impression de foncer droit sur son contemplateur. Plus hypnotique, le très symboliste *Extase* (une femme nue endormie au cou d'un cheval) de Władysław Podkowiński défraya la chronique en 1894. Une salle était jusqu'alors entièrement consacrée au Géricault polonais, Piotr Michałowski (1800-1855), grand peintre de chevaux et de cavaliers, dont on pouvait également admirer nombre de portraits. Une sélection d'œuvres rassemble de grandes fresques historiques de Henryk Siemiradzki *(La Torche de Néron)* et des formats géants de Jan Matejko dont l'envahissant *Hommage prussien de 1525*, trombinoscope mondain de l'époque (1882). Pour clore la visite, sachez qu'un café est installé sur la **terrasse panoramique**.

Rynek souterrain

(Podziemia Rynku)

B2 - *Rynek Główny 1 (entrée par la halle aux Draps) - ✆ 12 426 50 04 - www.podziemiarynku.com - ♿ - lun. 10h-20h, mar. 10h-16h, merc.-dim. 10h-20h (22h d'avr. à oct.) - dernière entrée 1h15 av. fermeture - fermé le 1er mar. du mois - 19 PLN ; gratuit mar. ; audioguide (en français) 5 PLN. Réservation conseillée.*
Voisin du précédent, ce magnifique musée, annexe du Musée historique, est le fruit des **recherches archéologiques** effectuées sous la place du Marché de 2005 à 2007. Les nombreuses trouvailles qui ont été exhumées des entrailles du Rynek permettent de retracer l'histoire de la cité depuis ses lointaines origines et d'évoquer la manière dont vivaient ses habitants à l'époque médiévale. La technologie et le savoir-faire les plus modernes sont mis au service de cette passionnante découverte qu'il est possible de faire dans plusieurs langues grâce aux écrans tactiles et aux projections didactiques. Maquettes, objets, reconstitutions variées et bandes audio rendent l'évocation très concrète, tout comme les fragments de rues originelles et les anciennes boutiques de la halle aux Draps que l'on peut parcourir grâce à des dallages de verre. Une grande réussite !

Église Saint-Adalbert

(Kościół Św. Wojciecha)

B2
Esseulée dans l'angle sud-est du Rynek, dans une orientation identique à celle de la basilique Notre-Dame, cette minuscule église, la première de la ville, fut construite en bois au 10e s. sur l'emplacement où saint Adalbert tenait, d'après la tradition, aux alentours de 995, ses prêches évangélisateurs. L'édifice initial fut remplacé au 12e s. par une construction en pierre de style roman, considérablement remaniée entre 1611 et 1618 jusqu'à lui donner une apparence baroque. Des concerts de musique classique y sont donnés tous les soirs à 19h *(65 PLN)*.

Beffroi de l'hôtel de ville

(Wieża Ratuszowa)

A2 - *Rynek Główny - ✆ 12 619 23 18 - www.mhk.pl - avr.-oct. : 10h30-18h - fermé nov.-mars - 7 PLN ; audioguide 5 PLN.*
Cette imposante tour de 70 m de haut, dressée dans l'angle sud-ouest de la place, est tout ce qu'il subsiste de l'ancien hôtel de ville médiéval du 14e s., démoli en 1820. Les très hautes marches de l'étroit escalier mènent jusqu'au mécanisme de l'horloge d'où l'on a une jolie vue sur la ville, restreinte toutefois aux ouvertures percées au niveau de la coupole baroque, venue en 1686 remplacer la flèche gothique. La vaste cave, siège des anciennes oubliettes et salles de torture, renferme aujourd'hui le théâtre Ludowy et un café. En vous dirigeant sur la gauche vers la rue Szewska, depuis le bas de

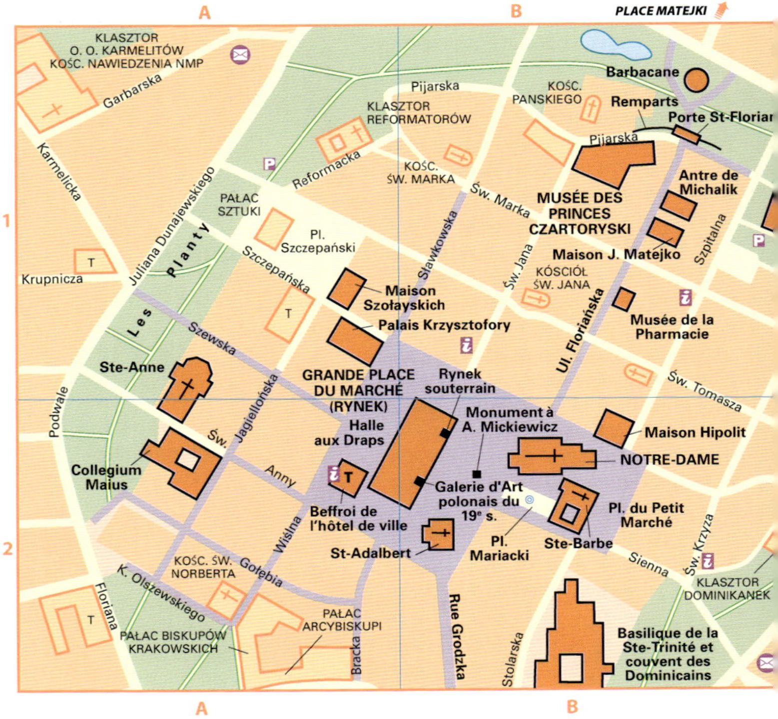

l'escalier extérieur « gardé » par deux lions en pierre, vous verrez au sol une plaque commémorative marquant l'emplacement où, en 1794, **Tadeusz Kościuszko** prêta serment à la nation.

Palais Krzysztofory

(Pałac Krzysztofory)
A1 - *Rynek 35 - ✆ 12 422 32 64 - www.mhk.pl. Le palais étant en rénovation, seules les expositions temporaires sont accessibles (merc.-dim. 10h-17h30 - 9 PLN).*
Doté d'une belle cour à arcades entourant un puits, cet opulent palais du 17e s. abrite le siège du **Musée historique de la ville de Cracovie** (Muzeum Historyczne). Il doit son nom à la statue de saint Christophe du 14e s. qui ornait sa façade (mais d'autres affirment que le fameux alchimiste Krzysztof aurait habité la maison). Riches en documents et souvenirs liés à l'histoire de la ville (malheureusement légendés uniquement en polonais), les appartements du 1er étage sont ornés de somptueux plafonds décorés par le stucateur Baldassare Fontana. Ses caves abritent une célèbre galerie d'art liée au fameux mouvement d'avant-garde artistique Grupa Krakowska (« groupe de Cracovie »).

Au nord du Rynek

La barbacane et les remparts conservés permettent d'imaginer la vision qu'embrassaient jadis les visiteurs découvrant Cracovie. C'est ici, derrière la porte fortifiée de Saint-Florian, que commence la Voie Royale qui mène à travers la ville au Rynek puis à Wawel. Le plan en damier n'a pas changé depuis sa conception au Moyen Âge. Seules les façades des maisons ont été remaniées par les siècles, accueillant bars et restaurants, mais aussi la plus grande concentration de boutiques de la ville. C'est l'endroit idéal pour un peu de shopping.

➔**Accès** : plan détachable C-E 3 et B4 ; **plan de quartier p. 48-49**.

➔**Conseils** : ce quartier de taille relativement modeste vaut le détour pour ses nombreux musées. Notez que, en attendant la réouverture du musée des Princes Czartoryski, actuellement fermé pour travaux, le célèbre tableau de Léonard de Vinci *La Dame à l'hermine* est exposé au château royal de Wawel *(p. 79)*.

Place Matejki

D2-3 sur plan détachable

En bordure extérieure des Planty, elle occupe l'emplacement de la place du Marché de l'ancienne ville médiévale de Kleparz, incorporée à Cracovie en 1791. Au centre trône l'imposant **monument commémoratif de la bataille de Grunwald** (Pomnik Grunwaldzki). Le monument original, érigé par la volonté du pianiste et politicien Ignacy Jan Paderewski en 1910 pour le 500e anniversaire de la bataille, fut détruit par les nazis en 1939 et remplacé en 1976 par une copie due au sculpteur Marian Konieczny. Associé à la **tombe du Soldat inconnu** (Grób Nieznanego Żołnierza), cet ensemble, symbole d'un État polonais souverain, fut dans les années 1980 l'épicentre de la contestation politique émanant du syndicat Solidarność et demeure le lieu de célébration des fêtes nationales.

À l'angle sud-ouest, au n° 13, se trouve l'**Académie des beaux-arts** (Akademia Sztuk Pięknych) construite en 1879-1880, dont l'entrée est surmontée d'un buste du peintre Jan Matejko, artisan principal de la fondation de cette première école d'art indépendante de Pologne. Le bâtiment est à la mesure des monumentales toiles du peintre, qui y avait installé son atelier.

En face, l'imposant siège néoclassique de la **Banque nationale** (Narodowy Bank) de Pologne se fait remarquer par ses deux groupes allégoriques de l'Industrie et de l'Agriculture qui décorent le haut de sa façade.

Au nord-est de la place, l'**église Saint-Florian** (Kościół Św. Floriana), d'origine romane mais remaniée dans le style baroque, conserve des reliques du saint reçues par Casimir II le Juste du pape Lucius III en 1184, ainsi qu'un reliquaire acquis lors de la bataille de Grunwald.

Rue Saint-Florian.

HOTEL
VIRTUTIS TRIUMPHAT
1683
2008
HISTORIA
KANTOR
CURRENCY EXCHANGE
HOTEL
Discovery
HISTORIA
tvn
Portret Konny Marii Kazimiery

UN PRÉCIEUX DOCUMENT

Dans la Chronique de Nuremberg, *écrite en 1493 par le cartographe et historien Hartmann Schedel, une gravure représente Cracovie à la fin du 15e s. Elle montre aussi Kazimierz qui occupait jadis une boucle de la Vistule. Mais, surtout, les remparts sont précisément représentés, à l'exception de la Barbacane qui ne sera édifiée que 6 ans après la parution de l'ouvrage. On se rend aussi compte du changement de la morphologie de la ville : Cracovie et Kazimierz étaient séparés par un cours d'eau. On y distingue clairement la porte Saint-Florian.*

Planty★

(Mury obronne i Planty)

A-C1

Un système de fortifications, long de 4 km, avait été érigé entre 1285 – date de l'octroi par la ville du droit de se doter d'un mur d'enceinte – et le milieu du 16e s., avec la construction de l'arsenal municipal. Rendus obsolètes par le développement de l'artillerie, les remparts furent abattus au début du 19e s. par les Autrichiens et l'espace des remparts démolis et du double fossé comblé fut progressivement remplacé par les Planty, à l'exemple du Ring viennois.

Passage obligé des Cracoviens pour rejoindre les faubourgs et la banlieue, cette oasis de verdure, remise en état en 1988, est aujourd'hui agrémentée de nombreuses statues, fontaines et de monuments commémoratifs, ainsi que de plaques marquant l'emplacement des anciennes portes. Les Planty constituent aux beaux jours un paisible refuge pour les couples d'amoureux, les étudiants en pleine révision et les retraités en quête de conversation.

Barbacane★

(Barbakan)

B1 - *Ul. Basztowa 30 - ✆ 12 422 98 77 - www.mhk.pl - avr.-oct. : 10h30-17h - dernière entrée 30mn av. fermeture - fermé le 2e lun. de chaque mois et nov.-mars - 8 PLN, billet combiné avec les remparts.*

Bâti en 1499, pour faire face à la menace ottomane, précédant remparts et fossés dans l'axe de la principale porte de la ville, ce bastion circulaire aujourd'hui isolé au milieu des Planty était à l'origine relié par un corridor dénommé « le cou » à la porte Saint-Florian. Il s'agit d'un rare exemple de barbacane parfaitement conservée en Europe ; ses hauts murs dissimulent un impressionnant dispositif de mâchicoulis et de meurtrières, mais l'intérieur n'offre cependant rien de très mémorable.

Porte Saint-Florian

(Brama Floriańska)

B1

Unique porte d'accès à la ville conservée parmi les huit que comptait l'enceinte médiévale, elle constituait la principale entrée de la Voie Royale. Haute de

34,50 m, la tour, élevée en pierre au 13e s., fut achevée à la fin du siècle suivant avec des briques rouges, avant que son sommet crénelé ne soit recouvert en 1694 par une petite coupole baroque. Des 39 tours qui jadis dominaient le pourtour des remparts ne subsistent plus aujourd'hui, de part et d'autre de la porte, que **trois bastions**. Aujourd'hui, les pierres du mur d'enceinte servent de cimaises aux peintres des rues de Cracovie.

Remparts

(Mury obronne)

B1 - *Ul. Pijarska 30 - ✆ 12 421 13 61 - www.mhk.pl - avr.-oct. : 10h30-17h - dernière entrée 30mn av. fermeture - fermé le 2e lun. de chaque mois et nov.-mars - 8 PLN, billet combiné avec la Barbacane.*
Il est désormais possible d'accéder à ce qu'il reste des remparts du 13e s. et de parcourir le chemin de ronde qui court entre les deux bastions encore debout. Un petit **musée** relate l'histoire des autres tours aujourd'hui disparues. C'est surtout l'occasion de profiter d'un joli point de vue sur la rue Saint-Florian.

Musée des Princes Czartoryski★★★

(Muzeum Książąt Czartoryskich)

B1 - *Ul. Św. Jana 19 - ✆ 12 422 55 66 - www.muzeum.krakow.pl. Fermé pour rénovation jusqu'à nouvel ordre. Pendant la durée des travaux,* La Dame à l'hermine *de Léonard de Vinci, pièce maîtresse du musée, est exposée au château royal de Wawel (**voir p. 79**).*

Fierté de la ville de Cracovie, le musée des Princes Czartoryski, descendants en ligne directe des Jagellon, est abrité dans trois bâtiments reliés par des galeries couvertes suspendues : l'hôtel particulier, le cloître et l'arsenal. La collection initiale, constituée par Izabela Czartoryska dans son palais de Puławy au début du 19e s., s'en fut à Paris – pour échapper à la confiscation – avant de retourner en Pologne en 1876. Pillée allégrement par les nazis durant la guerre, elle fut partiellement reconstituée avant d'être nationalisée et de devenir une section du Musée national en 1949.
Dernier rebondissement, l'héritier de la famille, recouvré dans ses droits par décision judiciaire en 1991, a finalement préféré léguer sa collection à la nation polonaise.

Rue Saint-Florian★

(Ulica Floriańska)

B1
Cette importante rue commerçante constituait l'amorce de la Voie Royale depuis la porte du même nom jusqu'au Rynek. Elle était bordée de demeures souvent précédées de portails Renaissance ou gothique tardif, parmi les plus belles de la ville.

Antre de Michalik★★

(Jama Michalika)

B1 - *Ul. Floriańska 45.*
Ce café, le plus beau de Cracovie, étonne par sa décoration intérieure digne d'un musée. Ce qui n'était, à la fin du 19e s.,

qu'une simple pâtisserie ouverte par Jan Apolinary Michalik (1871-1926) devint à la Belle Époque le quartier général de la bohème locale, groupée autour du mouvement littéraire et artistique Młoda Polska (Jeune Pologne). En 1905, ses membres créèrent le cabaret Zielony Balonik (le Ballon Vert), fameux pour ses spectacles de marionnettes. Il fut dirigé jusqu'en 1912 par l'écrivain Tadeusz Boy-Żeleński qui alimentait les spectacles de ses propres textes satiriques. Son nom est resté également fameux dans les annales littéraires pour son excellente traduction en polonais d'*À la recherche du temps perdu* de Marcel Proust.

Maison Jan Matejko

(Dom Jana Matejki)

B1 - *Ul. Floriańska 41 - ✆ 12 433 59 60 - mar.-sam. 10h-18h, dim. 10h-16h - 8 PNL, gratuit dim.*

Ici naquit et vécut durant cinquante-cinq ans l'un des plus fameux peintres polonais, **Jan Matejko** (1838-1893), dont on peut voir des œuvres exposées. Illustrateur autoproclamé de l'histoire de la Pologne, il s'attela à la figuration de grandes fresques historiques, notamment aux scènes reconstituées des grandes batailles. Très concerné par l'histoire de sa ville, il s'impliqua dans la conservation et la restauration de nombreux édifices et œuvres, comme en témoignent ses esquisses préparatoires aux polychromies exécutées pour l'église Notre-Dame. On déambulera sur trois niveaux parmi les œuvres, les souvenirs familiaux et les belles antiquités amassées par ce collectionneur, notamment des armes orientales et occidentales et des costumes qui lui servirent de modèles. À noter la présence de six têtes sculptées en bois qu'il faut manifestement comptabiliser parmi les 164 manquantes du plafond de la salle des Députés du château de Wawel.

Musée de la Pharmacie

(Muzeum Farmacji)

B1 - *Ul. Floriańska 25 - ✆ 12 421 92 79 - www.muzeumfarmacji.pl - mar. 12h-18h30, merc.-dim. 10h-14h30 - dernière entrée 45mn av. fermeture - 9 PLN.*

Fondé en 1946, ce musée occupe pas moins de cinq étages d'un superbe bâtiment du 15e s. Considéré par les amateurs comme l'un des plus intéressants du genre, il déroule l'histoire de la pharmacie du Moyen Âge à nos jours. Intéressantes collections (cornues, bocaux, planches de livres de médecine) et panorama des herbes médicinales aussi appelées « simples ». Le clou de la visite : la reconstitution à taille réelle d'une pharmacie du 17e s. et d'un antique cellier d'apothicaire.

Théâtre Juliusz Słowacki

(Teatr Juliusza Słowackiego)

C1 - *Pl. Św. Ducha 1 - ✆ 12 424 45 25 - visites guidées sur rendez-vous.*

Bâti de 1891 à 1893, ce théâtre fut conçu par l'architecte Jan Zawiejski. Son édification éleva bien des protestations, puisqu'elle entraîna la destruction

Détail de La Bataille de Grunwald *de Jan Matejko, célèbre pour ses fresques historiques.*

de l'ancienne église du Saint-Esprit. Par sa forme, l'édifice rappelle, à s'y méprendre, l'Opéra Garnier de Paris en version certes réduite. C'est ici qu'eut lieu en 1896 le tout premier spectacle de cinématographe.

Église Sainte-Croix★

(Kościół Św. Krzyża)

C1 - *Pl. Św. Ducha.*

Inscrivant sa gracile silhouette de brique rouge sur le fond verdoyant des Planty, cette église gothique est l'une des plus charmantes de Cracovie. L'état actuel de l'église paroissiale des religieux de l'ordre hospitalier du Saint-Esprit de Saxia, fondé à Montpellier et installé en 1244 à Cracovie, date pour l'essentiel des 14e et 15e s. L'hôpital attenant, fermé au 19e s., fut détruit en 1891 pour permettre l'édification du théâtre Słowacki. La nef, de plan quasi carré, est surmontée d'une voûte gothique à nervures en étoile reposant sur un unique pilier central à chapiteau arborescent, un symbole du nouvel arbre de vie incarné par la croix du Christ, caractéristique de l'ordre et omniprésente à l'intérieur de l'église. Les murs latéraux sont ornés de nombreuses peintures murales (de la 2e moitié du 16e s. pour les plus anciennes sur le mur de droite en entrant), qui sont pour l'essentiel des restitutions du 19e s. de peintures Renaissance. Mises au jour à l'occasion de travaux de restauration dans la dernière décennie du 19e s., celles-ci ne purent être sauvées *in situ* mais furent copiées par Wyspiański pour servir de modèle à une restitution postérieure. La plus frappante d'entre elles demeure celle du « miroir d'un pécheur » *(Speculum Peccatoris)*. Un digne vieillard, assis dans un fauteuil émergeant d'un puits, voit son corps dénudé pointé par cinq menaçantes épées répondant aux lourds périls de la Mort, du Diable, du Péché et du Verbe. La cinquième épée, la plus inquiétante, pointe au-dessus de sa tête sans que soit précisée la nature du péril.

Maison Szołayskich★

(Kamienica Szołayskich)

A1 - *Ul. Szczepański 9 - ✆ 12 433 54 50 - www.muzeum.krakow.pl - mar.-sam. 10h-18h, dim. 10h-16h - dernière entrée 30mn av. fermeture - 9 PLN (gratuit dim.).*

Implanté dans la maison (17e s.) des Szołayski, dont il porte désormais le nom, l'ancien musée Stanisław Wyspiański s'est offert une seconde jeunesse et propose une série d'expositions temporaires, sans pour autant tourner le dos au passé. Une partie reste en effet dédiée au plus fameux artiste Art nouveau polonais, **Stanisław Wyspiański** (1869-1907). Figure incontournable du mouvement « **Jeune Pologne** », version nationale de l'Art nouveau, cet enfant du pays, très attaché à sa ville et à l'histoire nationale, fut un élève de Matejko à l'Académie des beaux-arts. Artiste polyvalent, il fut principalement peintre, mais aussi écrivain, dramaturge, photographe et architecte. Son chef-d'œuvre se trouve probablement dans l'église franciscaine sous la forme de somptueux vitraux.

Maison de Józef Mehoffer★

(Dom Józefa Mehoffera)

B3-4 sur plan détachable - *Ul. Krupnicza 26 - ✆ 12 433 58 80 - www.muzeum.krakow.pl - mar.-dim. 10h-16h - dernière entrée 30mn av. fermeture - 8 PLN (gratuit dim. pour les collections permanentes). Jardin et café : 10h-21h30.*

Amateurs de maisons d'artistes, la paisible demeure du peintre Józef Mehoffer (1869-1946), parfaitement préservée dans son état d'origine, devrait vous ravir. Sans être extraordinaire – la plus belle pièce est certainement la chambre japonaise aux murs rouges couverts d'estampes –, elle est à l'image de cet artiste décorateur à la réflexion intéressante, qui fut l'ami et le rival de Wyspiański. Ce dernier est d'ailleurs né en 1869 dans cette maison, qu'il racheta en 1930. Agréable jardin attenant.

Musée national de Cracovie★

(Muzeum Narodowe)

B4 sur plan détachable - *Al. 3 Maja 1 - ✆ 12 433 55 00 - www.muzeum.krakow.pl - mar.-sam. 10h-18h, dim. 10h-16h - dernière entrée 30mn av. fermeture - 10 PLN (gratuit le dim. pour les collections permanentes) ; audioguide (en français) 5 PLN.*

Située au cœur du nouveau quartier universitaire, cette imposante construction moderne, lancée en 1934, ne fut réellement achevée qu'en 1989. Le bâtiment principal (Gmach Główny) du Musée national renferme la galerie **Armes et Couleurs en Pologne**, dédié à l'art militaire depuis le Moyen Âge, la **galerie des Arts décoratifs**, la **galerie de l'Art polonais du 20e s.** et accueille très souvent d'excellentes expositions temporaires.

Devant le musée, un imposant monument commémoratif réalisé par le sculpteur Marian Konieczny a été érigé en 1982 à l'occasion du 75e anniversaire de la mort du peintre Stanisław Wyspiański.

Rue Pomorska★

(Ulica Pomorska)

B1 sur plan p. 92-93 - *Ul. Pomorska 2 - ✆ 12 633 14 14 - www.mhk.pl - avr.-oct. : mar.-dim. 10h-17h30 ; nov.-mars : mar., merc. et vend. 9h-16h, jeu. 12h-19h, sam.-dim. 10h-17h - dernière entrée 30mn av. fermeture - 7 PLN (gratuit mar.).*

Installée dans l'ancien quartier général de la Gestapo à Cracovie, cette annexe du Musée historique de la ville invite également à revivre les heures noires de l'histoire polonaise. L'exposition **Les Cracoviens aux temps de la Terreur, 1935-1945-1956** (Krakowianie wobec terroru 1939-1945-1956), qui bénéficie comme les autres branches du musée d'une muséographie efficace, retrace non seulement l'époque de la terreur que fit régner l'occupant nazi (1939-1945), mais également celle qui fit suite à la guerre, sous le régime communiste (1945-1956). On visite aussi les cellules où furent détenues et torturées des centaines de personnes et qui conservent de nombreuses inscriptions laissées par les prisonniers.

Au sud du Rynek

Traversés du nord au sud par la seconde section de la Voie Royale, les quartiers sud de Cracovie sont dédiés au savoir et au culte. Ici se répartissent édifices religieux et bâtiments de la puissante université Jagellonne. Au milieu, la rue Grodzka est l'une des plus longues et des plus animées de Cracovie. Les journées y sont rythmées par les allers-retours des visiteurs entre le Rynek et Wawel et, jusque tard dans la nuit, on y croise étudiants en goguette ou habitants sortis faire une dernière course dans les épiceries de nuit.

➔**Accès** : plan détachable C4 et D4-5 ; **plan de quartier p. 60-61**.

➔**Conseils** : c'est probablement la partie de Cracovie la plus dense en curiosités. Elle vous retiendra donc assez longtemps. Sachez que le week-end, le musée de l'Archevêché ferme à 15h et que le Musée archéologique n'ouvre que le dimanche jusqu'à 14h. S'ils sont pour vous des priorités, adaptez vos visites en fonction.

Église Sainte-Anne★

(Kościół Św. Anny)

A1 sur plan p. 48 - *Ul. Św. Anny 11.*

Fondée en 1689 par les professeurs de l'université Jagellonne, cette vaste église dessinée par l'architecte hollandais Tylman van Gameren est considérée comme l'une des plus belles réalisations baroques de Pologne. On admirera le bel effet de **façade** créé, pour pallier l'absence de perspective, par l'imbrication de trois portails. Particulièrement remarquable y est la **décoration intérieure en stuc★★** réalisée par l'Italien Baldassare Fontana dans la nef ainsi que pour le flamboyant **autel** principal (1698) qui encadre une peinture de la Vierge à l'Enfant avec sainte Anne due à Jerzy Eleuter Siemiginowski. Le bras droit du transept abrite le **sarcophage★** contenant les reliques de saint Jan Kanty (1390-1473) porté par quatre figures allégoriques symbolisant les principales facultés de l'université d'alors : Philosophie, Théologie, Médecine et Droit. Ce travail fut réalisé par Baldassare Fontana en 1767 à l'occasion de la canonisation de cet éminent professeur. Dans le bras gauche du transept, le **monument** dédié à **Nicolas Copernic** porte l'inscription latine *sapere auso* (savoir avec audace), allusion probable au fait que Copernic ne dévoila qu'au soir de sa vie ses bouleversantes théories scientifiques, s'évitant ainsi le sort funeste de son disciple Giordano Bruno, brûlé vif pour hérésie. Également dignes d'intérêt, la chaire, les stalles peintes et les fresques du dôme. Les concerts d'orgue qu'on y donne régulièrement sont très réputés.

Les collèges de l'université Jagellonne

Face à l'église universitaire Sainte-Anne se dresse le **Collegium Nowodworski**, le plus vieux lycée du pays où les jeunes gens étaient censés préparer leur entrée

Blasons sur la façade du Collegium Maius.

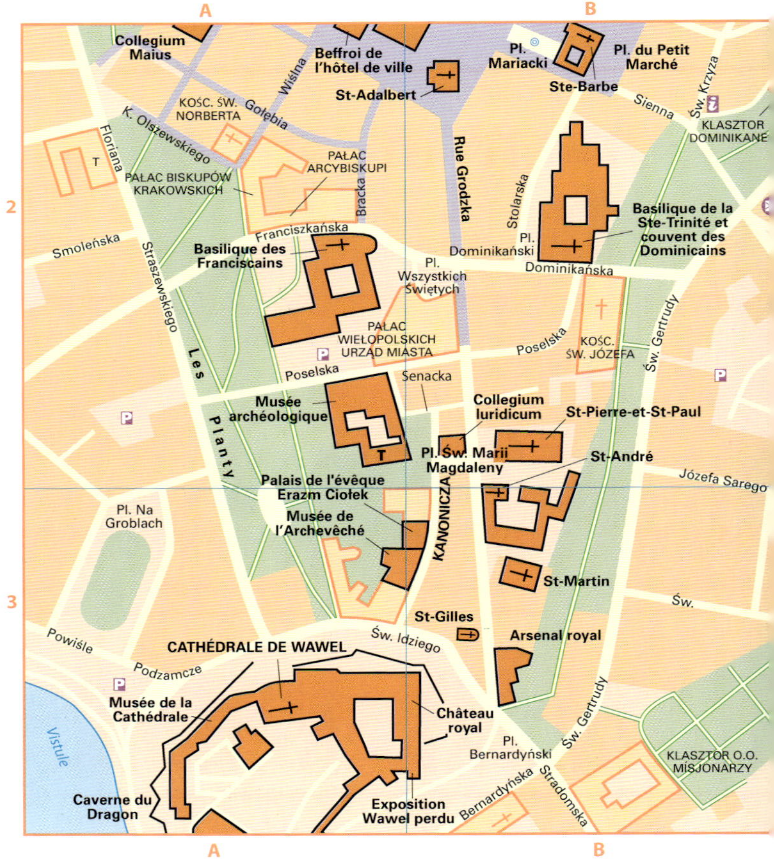
A
B
2
3
Collegium Maius
Beffroi de l'hôtel de ville
St-Adalbert
Pl. Mariacki
Ste-Barbe
Pl. du Petit Marché
Sienna
Św. Krzyża
KLASZTOR DOMINIKANE
Wiślna
Gołębia
KOŚC. ŚW. NORBERTA
K. Olszewskiego
Floriana
PAŁAC BISKUPÓW KRAKOWSKICH
PAŁAC ARCYBISKUPI
Bracka
Rue Grodzka
Stolarska
Basilique de la Ste-Trinité et couvent des Dominicains
Pl. Dominikański
Dominikańska
Smoleńska
Franciszkańska
Basilique des Franciscains
Straszewskiego
Pl. Wszystkich Świętych
PAŁAC WIELOPOLSKICH URZĄD MIASTA
Poselska
KOŚC. ŚW. JÓZEFA
Św. Gertrudy
Les Planty
Senacka
Musée archéologique
Collegium Iuridicum
St-Pierre-et-St-Paul
Pl. Św. Marii Magdaleny
St-André
Józefa Sarego
Palais de l'évêque Erazm Ciołek
Musée de l'Archevêché
KANONICZA
Pl. Na Groblach
St-Martin
Św.
St-Gilles
Arsenal royal
Powiśle
Św. Idziego
CATHÉDRALE DE WAWEL
Podzamcze
Musée de la Cathédrale
Château royal
Vistule
Pl. Bernardyński
Św. Gertrudy
KLASZTOR O.O. MISJONARZY
Caverne du Dragon
Exposition Wawel perdu
Bernardyńska
Stradomska
A
B

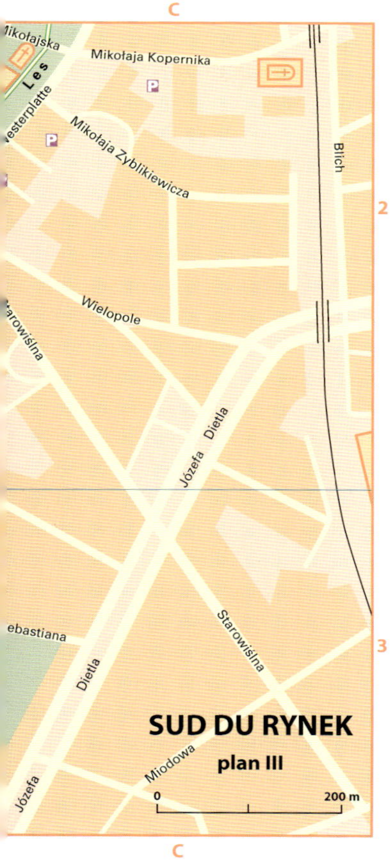

à la prestigieuse université. Ce bâtiment, élevé entre 1636 et 1643, constitue, avec son escalier à double rampe adossé à une cour à arcades, l'un des plus beaux exemples d'architecture baroque civile de la ville. Depuis 1993, il abrite le Collegium Medicum de l'université Jagellonne. Face au Collegium Maius, on trouve le **Collegium Kołłtaja** et plus au sud le **Collegium Minus** (1462). Au bout de la rue Gołębia, tournée vers les Planty, se dresse la façade du principal bâtiment de l'université Jagellonne d'aujourd'hui. Construit en style néogothique, le **Collegium Novum** (1887) abrite le siège de l'université et la demeure du rectorat. En face, le **Collegium Witkowskiego** (ou Collegium Physicum) et, devant, une statue de Copernic tenant un astrolabe. Sur la gauche de l'église franciscaine, le palais épiscopal fut le lieu de résidence de Karol Wojtyła, le futur Jean-Paul II, de 1967 à 1978 avant son déménagement au Vatican. Des milliers de Cracoviens convergèrent ici une bougie à la main le jour de son décès, le 2 avril 2005, pour se diriger vers l'église dominicaine. Derrière le chevet de Saint-François et la statue en bronze (1936) de Józef Dietl (1804-1878), professeur de médecine et président de l'université Jagellonne mais surtout premier maire élu de Cracovie en 1866, se tient le palais des Wielopolski, siège des autorités municipales, qu'il acquit en 1864. Érigé entre 1535 et 1560 dans le style Renaissance, il fut ravagé par le grand incendie de 1850 mais a conservé son attique à créneau original.

Collegium Maius★★

A2 sur plan p. 48 - *Ul. Jagiellońska 15 - ✆ 12 422 05 49 - visite guidée seult (en anglais) - avr.-oct. : lun., merc. et vend.-sam. 10h-14h20 (dernier dép.), mar. et jeu. 10h-17h20 ; nov.-fév. : lun.-sam. 10h-14h20 - 12 PLN (avr.-oct. : gratuit le mar. à partir de 15h).*

Le terme de Grand Collège désigne le plus ancien et prestigieux bâtiment de l'université Jagellonne, l'une des plus anciennes universités d'Europe centrale fondée en 1364 par le roi Casimir le Grand. Rénovée en 1400 par le roi Władysław Jagiełło grâce aux dons personnels faits par sa défunte épouse Hedwige, l'Académie cracovienne (Academia Croviensis), qui n'adopta le nom d'université Jagellonne qu'en 1818, allait progressivement s'agrandir par l'acquisition des maisons gothiques voisines. Remaniée à de nombreuses reprises au cours des siècles, et notamment au 19e s. dans un dévastateur style néogothique, elle ne retrouva son apparence originelle qu'au cours des années 1949-1964.

La **cour intérieure** est libre d'accès, ce qui permet d'assister chaque jour à 9h, 11h, 13h, 15h et 17h au bref tour de manège musical des figurines historiques, animées par le mécanisme de l'horloge située au-dessus de la porte d'Or.

Deux parties, l'une historique au 1er étage, l'autre scientifique au second, font l'objet de visites guidées distinctes. La visite commence au 1er étage devant la **porta Aurea** ouvrant sur la **Libraria** (les salles de lecture se trouvaient au rez-de-chaussée) que prolonge une vaste salle où l'université entretient le souvenir des meilleurs étudiants passés entre ses mains, tels **Nicolas Copernic** (entre 1491 et 1495), le roi **Jan III Sobieski** (l'un des rares souverains à avoir étudié sur les bancs d'une université !), **Bronisław Malinowski** ou encore **Karol Wojtyła**. On y découvrira un globe présentant la particularité de figurer l'Amérique par la seule mention de « *America noviter reperta* », autrement dit « nouvellement découverte ».

La **Stuba Communis**, dotée d'un poêle de style mauresque et d'un magnifique escalier qui permettait de rejoindre les chambres de l'étage supérieur, servait de réfectoire aux professeurs. Une belle petite statue en bois peint du roi Casimir le Grand (14e s.) y rappelle la mémoire du fondateur. En enfilade s'ouvrent les **salles du Trésor** (Sale Skarbca). On y admire les sceptres royaux (croisés, ils constituent le symbole de l'université), ainsi que la fameuse sphère armillaire jagellonne conçue en 1510 par Jan de Stobnica. La salle suivante (ancienne chambre des professeurs) est entièrement dédiée à Copernic et à ses instruments astronomiques. La visite se termine par la traversée du **Grand Hall** (Aula), siège des grandes cérémonies universitaires dominées sur un mur par cette noble devise latine : « La raison l'emporte sur la force ». Flanquée latéralement par les stalles en bois des professeurs et ornée d'une galerie de portraits, la pièce se referme à l'autre bout sur un beau portail en bois récupéré de l'ancien hôtel de ville. Au 2e étage, cinq pièces abritent la plus grande collection d'instruments scientifiques de Pologne, ainsi qu'une galerie de peinture et des pièces d'art médiéval.

Basilique de la Sainte-Trinité et couvent des Dominicains★★

(Bazylika Św. Trójcy i Klasztor Dominikanów)

B2 - *Ul. Stolarska 12.*

Église mère de l'ordre des Dominicains en Pologne, introduit en 1229 en provenance de Bologne à l'invitation de l'évêque Iwo Odrowąż, c'est l'une des plus grandes et des plus importantes basiliques de Cracovie. Élevée sur l'emplacement d'une église romane détruite lors de l'invasion tatare de 1241, elle fut consacrée en 1249, puis reconstruite un certain nombre de fois, notamment en 1872 après l'incendie de 1850. Relativement préservées, les chapelles latérales, ajoutées par de riches familles aristocratiques au 17e s., en constituent les principales curiosités.

Intérieur – Dans le coin inférieur droit de la nef se tient la chapelle Lubomirski qui possède une décoration peinte du 17e s. Plus loin, après la tombe surmontée d'un beau gisant de Prospero Provano (fin du 16e s.), s'ouvre la **chapelle Myszkowski★** (Kaplica Myszkowskich), élevée entre 1603 et 1614 dans le style maniériste. Elle est recouverte d'un dôme où les bustes des membres de la famille (un travail attribué à l'atelier de Santi Gucci) sont voués à un éternel face-à-face. Plus loin, la chapelle baroque de **Notre-Dame-du-Rosaire** (Kaplica Matki Boskiej Różańcowej), construite pour célébrer la victoire du roi Jan Sobieski sur les Turcs à Vienne (1683), contient une représentation de la Vierge, copiée à la fin du 16e s. d'une icône romane provenant de la basilique Santa Maria Maggiore de Rome. Rescapée de l'incendie de 1850, elle est particulièrement vénérée depuis.

Du côté opposé, la **chapelle Zbaraskich** (1628-1633) se distingue par une sobre et contrastée décoration en marbre noir.

Plus loin, un escalier mène à la **chapelle de Saint-Hyacinthe★** (Kaplica Św. Jacka), du nom du premier dominicain polonais (*Jacek* en pol.), dont les reliques sont conservées dans un cercueil en marbre. Construite en 1581, elle fut décorée vers 1700 de stucs par Baldassare Fontana et ornée de peintures de l'Italien Tommaso Dolabella illustrant la vie du saint.

Au bout de la nef, une **plaque en bronze** (vers 1500, d'après un projet de Veit Stoss) dans le mur évoque l'humaniste florentin Filippo Buonaccorsi, dit Callimachus, qui fut le précepteur des enfants du roi Casimir.

Le **couvent** contigu est articulé autour de deux cours, dont un beau cloître avec des stèles funéraires. À voir plus particulièrement, la salle du Chapitre (milieu du 13e s.), ainsi que le réfectoire (2e quart du 13e s.), orné d'une belle Crucifixion du 15e s.

Rue Grodzka★

(Ulica Grodzka)

B2-3

Seconde section de la Voie Royale conduisant vers Wawel, cette élégante rue atteint au sud la **place Św. Marii Magdaleny**, du nom de l'église gothique Sainte-Madeleine qui s'y trouvait jusqu'en 1811. On suppose que c'est à cet emplacement – qui opère la jonction entre les rues Grodzka et Kanonicza – qu'était située la place du Marché de l'ancien quartier d'Okół, du nom de la première agglomération qui s'était développée au pied de Wawel. Aujourd'hui, la place accueille une statue du prêtre Piotr Skarga perchée en haut d'une fine colonne, ainsi qu'une fontaine très contemporaine, mais elle est surtout devenue le terrain d'exercice favori des jeunes skate-boarders.

Au nord, l'ancien **Collegium Iuridicum** (n° 118), dont les arcades étagées de la petite **cour** intérieure vous rappelleront en miniature celles du château de Wawel, abrite aujourd'hui l'Institut d'histoire de l'art (Instytut Historii Sztuki), ainsi que deux petits musées universitaires bien spécifiques ; l'un, **Muszle Egzotycze**, est consacré aux coquillages ; le second, **Motyle Świata**, aux papillons *(mar.-jeu. 10h-13h, dim. 11h-14h - 5 PLN)*. L'ancien **collège jésuite** (Collegium Broscianum) situé au nord de l'église (n° 52) est aujourd'hui occupé par sa vieille rivale d'alors, l'université Jagellonne.

En continuant la rue Grodzka, vous passerez devant la façade (17e s.) de l'**église luthérienne de Saint-Martin** (Kościół Św. Marcina), rarement ouverte à la visite, avant d'atteindre, au bout de la rue, face à Wawel, l'ancien **arsenal royal** (Arsenał Królewski). Édifié au 16e s. puis modifié au milieu du 17e s. (beau portail), il est occupé depuis 1927 par la tentaculaire université Jagellonne. C'est l'endroit parfait pour lever les yeux vers l'aile orientale du château et observer la **Kurza Stopka**, le curieux pavillon gothique dit en « patte-de-poule », l'une des rares parties du château médiéval érigé sous le règne de Władysław II Jagiełło (Ladislas II Jagellon).

Donnant sur la petite place qui lui fait face, la modeste petite **église Saint-Gilles** (Kościół Św. Idziego), de style gothique à une nef, est sous tutelle dominicaine depuis 1595. Ancien lieu de culte désigné de la communauté arménienne, elle accueille depuis 1994 *(dim. à 10h30)* une messe en anglais et très souvent des concerts. Juste devant, une croix en bois célèbre le 50e anniversaire du massacre de Katyń perpétré par le NKVD (police politique) soviétique en 1940 (longtemps attribué aux Allemands, il ne fut reconnu par les autorités soviétiques qu'en 1990) à l'encontre d'environ 4 500 officiers polonais.

Église Saint-Pierre-et-Saint-Paul★

(Kościół Św. Piotra i Pawła)

B2 - *Ul. Grodzka 52a.*

Extérieur – Bâtie sur l'emplacement d'une précédente église gothique

La façade de l'église Saint-Pierre-et-Saint-Paul.

incendiée en 1455, elle fut la toute première construction baroque de la ville. Commencée en 1596 sur le modèle d'églises jésuites romaines telles qu'Il Gesù de Vignola et Saint Andrea della Valle, elle ne fut achevée qu'en 1619 à cause de défauts de construction. Élevée sur un plan en croix latine, l'église est dénuée de galeries latérales remplacées par des chapelles, et est surmontée d'un dôme elliptique à l'intersection de la nef et du transept.
On admirera d'abord son élégante **façade★★**, aux très belles proportions, creusée de niches abritant les statues (de gauche à droite) des saints Stanisław Kostka, Ignace de Loyola, François-Xavier et Aloysius Gonzague, surmontées au registre supérieur par celles des saints Sigismond et Ladislas. Parce qu'édifiée en retrait de la rue Grodzka dans un axe légèrement perpendiculaire à celle-ci, la façade est précédée par une balustrade, conçue par Kacper Bazanka dans le but de rectifier visuellement la perspective de l'église. Rongées par la pollution, les monumentales statues originelles des 12 apôtres (1723) dues à Dawid Heel qui la surmontent ont été remplacées par des copies.
Intérieur – Particulièrement remarquable, le **chœur★** comporte un **maître-autel★** en marbre noir, achevé en 1735 par Bazanka (à l'origine également de la balustrade curviligne abritant l'orgue), qui est surmonté par une coupole décorée en demi-cercle d'un **stuc★** réalisé en 1633 par Giovanni Battista Falconi (auteur également des statues des quatre évangélistes nichées dans la coupole du dôme). La **crypte**, de moindre intérêt artistique, abrite les tombeaux du redoutable prédicateur jésuite et principal artisan de la Contre-Réforme Piotr Skarga (1536-1612), de W. S. H. Bieliński et de l'évêque Andrzej Trzebicki, ce dernier doté d'une somptueuse décoration baroque.
L'autre intérêt de l'église, outre celui d'abriter régulièrement des concerts de musique classique, réside dans son **pendule de Foucault**, qui, oscillant du haut des 46,50 m du dôme, atteste le mouvement rotatif de la Terre *(jeu. à 10h, 11h et 12h)*.

Église Saint-André★

(Kościół Św. Andrzeja)
B2-3 - *Ul. Grodzka 56.*
On ne se douterait pas – à en juger par l'intérieur totalement baroquisé au début du 18e s. – que cette église des sœurs clarisses, dédiée à saint André et bâtie entre 1079 et 1098, constitue l'un des édifices romans les mieux conservés de Pologne.
L'extérieur, marqué par de nombreuses cicatrices (fenêtres condamnées et porche principal obturé), laisse apparaître la présence de plusieurs étroites fenêtres géminées à simple colonnette centrale qui traduisent la vocation défensive de cette église-forteresse. Unique église de la ville à soutenir l'assaut tatar en 1241, elle servit également de refuge à la population lors d'un grand incendie en 1259. Une fonction que confirme la belle mais austère **façade★★** de pierres et de

briques surmontée par deux tours à base carrée puis octogonale recouvertes en 1639 de coupoles baroques.
Contrastant vivement avec l'austérité romane extérieure, l'intérieur présente une opulence baroque où l'on pourra admirer un riche **décor en stuc** dû à Baldassare Fontana, une **chaire** rococo en forme de barque, un **tabernacle** en bois d'ébène orné d'argent et un joli **sol de marbres** assemblés. Le couvent mitoyen est connu pour détenir un riche trésor rarement exposé.

Basilique des Franciscains★★

(Bazylika Franciszkanów)
A2 - *Pl. Wszystkich Świętych 5.*
La construction de l'église des Franciscains, ordre introduit à Cracovie en 1237, débuta en 1255, soutenue par le duc Boleslas le Pudique et par sa sœur Salomé la Bienheureuse, qui préféra renoncer à son statut princier pour endosser l'habit de sœur clarisse et fut enterrée dans le chœur l'année même de la consécration de l'église, en 1269. C'est ici que le païen grand-duc de Lituanie, Jogaila, reçut le baptême en 1386, avant de devenir sous le nom de Władysław Jagiełło (1351-1434) le très chrétien roi de Pologne par son mariage avec Hedwige. Saccagée lors de l'invasion suédoise puis endommagée par le grand incendie de 1850, l'église perdit de son caractère gothique original lors de sa reconstruction alliant styles néoroman et néogothique, mais s'enrichit au tournant du 19e s. des vitraux et des peintures murales de **Stanisław Wyspiański** qui font aujourd'hui toute sa valeur et sa renommée.
Recouvrant les murs du chœur et du transept, les splendides **fresques**★★ associent motifs floraux, géométriques, héraldiques et même quelques scènes figuratives. Chefs-d'œuvre incomparables de l'artiste, les somptueux **vitraux**★★★ Art nouveau distillent une subtile luminosité à l'intérieur de l'église. À contempler à la lumière du matin, saint François, Salomé la Bienheureuse et les Quatre Éléments se dressent derrière le maître-autel, tandis que le monumental et très « michelangelien » Dieu le Père ordonnant au monde « Deviens » (1904) impose son autorité au milieu du mur de façade ouest (à voir en fin d'après-midi !). À découvrir aussi, sur la gauche de la nef, la **chapelle de la Passion** (Kaplica Męki PańsOkiej), d'où les frères de la confraternité du même nom (ou de la Belle Mort) débutent chaque Vendredi saint depuis 1595 leur impressionnante procession. Aux murs, les stations peintes du **Chemin de croix** (Droga Krzyżowa, 1933) sont l'œuvre du peintre **Józef Mehoffer**.
Côté opposé, la chapelle latérale droite abrite une image de la **Mater Dolorosa** (16e s.) du maître Jerzy, particulièrement vénérée. Enfin, le **cloître** (Klasztor) recèle des **fresques** endommagées du 15e s., ainsi qu'une **galerie**, initiée au 16e s., des portraits des évêques de Cracovie, parmi lesquels figure celui de Piotr Tomicki exécuté par le fameux

moine-peintre de l'abbaye cistercienne de Mogiła, Stanisław Samostrzelnik.

Musée archéologique★

(Muzeum Archeologiczne)

A2 - *Entrée par Ul. Poselska 3 - ✆ 12 422 71 00 - www.ma.krakow.pl - juil.-août : lun.-vend. 11h-18h, dim. 10h-15h ; reste de l'année : lun., merc. et vend. 9h-15h, mar. et jeu. 9h-18h, dim. 11h-16h - fermé sam. - 7 PLN ; gratuit dim.*

Très didactique, ce musée présente une remarquable muséographie, comme en témoigne au 1er étage la collection d'archéologie égyptienne, magnifiquement mise en valeur par un subtil éclairage. L'étage supérieur est consacré au peuplement de la région de la Małopolska (Petite Pologne) présenté selon une approche thématique et chronologique. Là encore, il y a un parti pris didactique qu'illustrent parfaitement les vitrines montrant l'évolution de l'environnement (faune et flore) associée aux objets archéologiques contemporains, ou bien encore cette salle de mannequins, combinant costumes et accessoires, corrélés à l'évolution des structures d'habitat entre 70 000 ans av. J.-C. et 1300 apr. J.-C. La partie traitant des rites funéraires, avec reconstitution typologique des tombes, est ponctuée par la pièce maîtresse du musée : l'**obélisque** de pierre sculpté sur quatre faces (10e s. apr. J.-C.), dénommé **Światowid Zbruczański** et découvert dans la rivière Zbrucz à Podole en Ukraine en 1848. Dans les sous-sols a été aménagée une exposition sur l'histoire du palais qui abrite le musée *(5 PLN)*. Ne partez pas sans avoir fait le tour du magnifique jardin de roses adjacent *(1 PLN)*.

Rue Kanonicza★★★

(Ulica Kanonicza)

B3

Cette artère, parallèle à la rue Grodzka, est sans doute la plus cléricale et aristocratique rue de Cracovie et, à n'en pas douter, l'une des plus belles et pittoresques de la ville. L'atmosphère médiévale de cette rue subtilement sinueuse a été remarquablement conservée, sans doute parce qu'elle fut épargnée par le terrible incendie qui ravagea une bonne partie de la ville en 1850. Façades recouvertes d'armoiries, toits surmontés d'attiques, portails somptueux, lourdes portes cochères (qu'il ne faut pas hésiter à franchir) dissimulent de magnifiques cours et parfois de beaux jardins. Elle fut par le passé traditionnellement la rue des chanoines de la cathédrale de Wawel qui, depuis le 14e s., y habitaient et dont elle tire son nom (dérivé de *canonicorum*). La vingtaine de bâtiments qui la bordent datent des 14e et 15e s., mais beaucoup, remaniés postérieurement, témoignent en fait d'une grande diversité de styles. Premier édifice au pied du château, au no 25, la **maison de Jan Długosz** (Dom Jana Długlosza), du 14e s., est flanquée d'un beau portail Renaissance surmonté par l'inscription latine signifiant « Rien n'est meilleur dans l'homme que son esprit ». Chanoine et précepteur des

enfants du roi Casimir, mais surtout premier grand historien de la Pologne, Jan Długosz occupa, de 1450 jusqu'à sa mort en 1480, cette maison d'angle, devenue aujourd'hui le siège de l'Académie pontificale de théologie. Sur le côté gauche, après une plaque indiquant que le père de Stanisław Wyspiański possédait là au 19e s. son atelier de sculpteur, on découvrira intégré au mur un bas-relief de 1480 figurant une Vierge à l'Enfant.
Au n° 21, la **maison du Doyen** (Dom Dziekański), reconstruite entre 1582 et 1588 par l'architecte italien du Sukiennice, Santi Gucci, figure parmi les plus intéressantes de la rue. Derrière son très beau **portail★** et sa **façade graffitée** s'ouvre une magnifique **cour à arcades Renaissance★★** qui renferme une statue du 18e s. de saint Stanislas, évêque et saint patron de la Pologne, qui l'aurait, dit-on, habitée. Sur les côtés figurent les blasons des évêques. C'est dans cette résidence traditionnelle des évêques du diocèse de Cracovie que le futur pape Jean-Paul II logea de 1963 à 1967. Les étages du bâtiment sont aujourd'hui reliés au musée de l'Archevêché contigu. Face au musée au n° 16, l'**hôtel Copernicus** présente, avec sa cour à galerie, un bel exemple de restauration. Au n° 18, le **palais de l'évêque Florian de Mokrsko**, reconstruit par l'architecte Jan Michałowicz d'Urzędów, présente un portail Renaissance et une belle cour à arcades. Il abrite le **Centre Jean-Paul II** (Centrum Jana Pawla II), qui s'est donné pour vocation de perpétuer le souvenir du pape polonais et son enseignement.
Admirez, au n° 15, le très composite portail de la maison Szreniawa qui abrite la Fondation Saint-Vladimir (Fundacja Św. Włodzimierza). Contiguë à l'ancien musée Wyspiański au n° 9, la **maison des Trois Couronnes** (Pod Trzema Koronami) au no 7 cache un agréable jardin d'été. Le **Cricoteka Muzeum**, au n° 5 (*p. 17*), constitue un conservatoire documentaire ouvert à tous ceux qui souhaiteraient en savoir plus sur la vie et l'œuvre de cet incomparable artiste polonais qu'était **Tadeusz Kantor** (1915-1990). Enfin, la bâtisse du n° 3 présente une façade sgraffitée, de beaux encadrements de fenêtres Renaissance et un élégant portail rococo.

Palais de l'évêque Erazm Ciołek★

(Pałac Biskupa Erazma Ciołka)

AB3 - *Ul. Kanonicza 17 - 12 424 59 20 - www.muzeum.krakow.pl - - mar.-sam. 10h-18h, dim. 10h-16h - dernière entrée 30mn av. fermeture - fermé lun. - 12 PLN (dim. gratuit) ; audioguides (en anglais) 5 PLN.*

Réunissant deux maisons gothiques, ce palais possède un portail Renaissance surmonté d'un cartouche apposant l'aigle royal associé à la lettre S, référence au roi Sigismond, ainsi qu'une belle fenêtre gothique. Il abrite un musée aux magnifiques collections. Quelques salles au rez-de-chaussée sont consacrées à l'**art orthodoxe** de la vieille république polonaise.

Au milieu des icônes et objets de culte des 16e et 17e s., on remarquera un beau panneau peint représentant le Jugement dernier, ainsi que, dans la dernière salle, la façade d'une iconostase du 18e s. Les huit salles de l'étage renferment de superbes exemples d'**art polonais** du 12e au 18e s. mis en valeur par une muséographie contemporaine particulièrement sobre. Les sujets religieux dominent ici. Dans les salles médiévales (observez les lambris ornés fixés aux plafonds), des retables peints de scènes expressives côtoient des statues de bois polychromes dont un imposant Christ monté sur un âne, évoquant une scène des Évangiles. La progression chronologique dans les salles suivantes permet de constater les changements subtils qui amènent aux styles Renaissance et à ceux des siècles suivants. Salle 6, lumières tamisées et voilages sombres présentent des œuvres inspirées par la mort : panneaux funéraires du 17e s., épitaphes, mais aussi un angoissant *Triomphe de la Mort* et une *Dormition de la Vierge* de 1521.

Musée de l'Archevêché★

(Muzeum Archidiecezjalne)
AB3 - *Ul. Kanonicza 19-21 - ✆ 012 421 89 63 - www.muzeumkra.diecezja.pl - mar.-vend. 10h-16h, w.-end 10h-15h - 5 PLN, gratuit mar.*
Karol Wojtyła (futur pape Jean-Paul II) y résida entre 1952 et 1963 avant d'occuper en tant qu'évêque jusqu'en 1967 les appartements contigus de la maison du Doyen. Nombreux sont les curieux à venir essentiellement pour découvrir la reconstitution de sa chambre-bureau où ses souvenirs personnels, telles une machine à écrire et même deux paires de ski, sont exposés. Pourtant, l'intérêt essentiel du musée réside dans sa collection d'art sacré, dont la meilleure partie occupe le rez-de-chaussée. Après la première salle consacrée aux plus belles œuvres peintes, on traversera la section sculpture, riche d'une remarquable série de Vierges à l'Enfant des 14e et 15e s., avant de poursuivre par les sections d'orfèvrerie et de vêtements liturgiques.

Colline de Wawel★★★

(Wzgórze Wawelskie)

Wawel désigne l'ensemble architectural qui se dresse au sommet d'une petite colline calcaire dominant de 25 m les eaux de la Vistule. Érigé en emblème des grandes et riches heures de la nation, ce haut lieu de la conscience nationale polonaise symbolise depuis le 11e s., avec la coexistence du sanctuaire chrétien et du château royal, l'association du pouvoir religieux et du pouvoir séculier.

➔**Accès** : plan détachable C-D6 et **plan de quartier p. 60-61**. L'accès à la colline est gratuit. ✆ 12 422 51 55 - 6h-coucher du soleil (la cour à arcades du château ferme 30mn avant) - fermé 1er janv., Pâques, 1er et 11 nov., 24, 25 et 31 déc.

➔**Conseils** : terminez la visite de Wawel par la caverne du Dragon qui vous mènera au pied de la colline, à deux pas de la sortie du site.

La colline de Wawel est un endroit d'autant plus symbolique que la cathédrale fut également le lieu de couronnement des rois et qu'elle abrite le panthéon des dynasties royales, ainsi que des grandes familles et des hommes illustres de la nation polonaise. Parvenu à son apogée au 16e s., Wawel fut brutalement déserté en 1596 au profit de Varsovie par le roi Sigismond III Vasa, le roi des alchimistes, dont une légende prétend que c'est une expérience alchimique malheureuse qui l'aurait conduit à abandonner Wawel.

Au pied de la rampe d'accès au château, vous apercevrez l'imposante **statue équestre de Tadeusz Kościuszko** posée au sommet d'un des bastions construits par les Autrichiens en 1852. Réalisée par Leonard Marconi et inaugurée en 1921, elle fut détruite par les nazis en 1940 et ne fut remplacée par une copie qu'en 1960. Le long de la rampe, des plaques dans le mur de brique mentionnent les noms des généreux donateurs qui participèrent dans l'entre-deux-guerres à la restauration du château. On passe la **porte aux Blasons** (Brama Herbowa) après laquelle se trouvent l'une des deux billetteries du château puis la **porte des Vasa** (Brama Wazów).

Cathédrale de Wawel★★★

(Katedra Wawelska)

A3 - *✆ 12 429 95 16 - www.katedra-wawelska.pl - avr.-sept. : lun.-sam. 9h-17h, dim. et j. fériés 12h30-17h ; oct.-mars : lun.-sam. 9h-16h, dim. et j. fériés 12h30-16h - fermé 1er janv., jeu. et Vend. saint, sam. et dim. de Pâques, 1er et 11 nov., 24 et 25 déc. - entrée libre ; accès aux tombeaux royaux, au clocher et au musée 12 PLN ; audioguide (en français) 7 PLN.*

Troisième cathédrale à être érigée à cet endroit, l'actuel sanctuaire fut construit en style gothique au début du 14e s. sur l'emplacement d'un édifice roman dont ne subsistent aujourd'hui que la crypte Saint-Léonard et la tour des Cloches

d'argent (Srebrne Dzwony). Surprenante par ses faibles dimensions, la cathédrale, édifiée sous les rois Ladislas le Bref et Casimir le Grand, est restée telle que lors de sa consécration en 1364 aux saints Stanislas et Venceslas. Cadre des sacres royaux qui s'y déroulèrent de 1320 à 1734, elle fut également celui des funérailles royales. D'abord inhumés dans la nef (le plus ancien des tombeaux royaux est celui de Władysław Łokietek, réalisé au 14e s.), les monarques et leur famille furent, à partir du 16e s., ensevelis dans la crypte (bien que toujours honorés par un monument funéraire dans la nef) qui sera élevée au 19e s. au rang de panthéon national.
Passé le **porche baroque** (1619), vous serez certainement intrigué par la présence, sur la gauche de l'entrée, de gros **os antédiluviens**, suspendus à de lourdes chaînes de fer. Leur présence, visant à écarter les forces maléfiques, est liée à une légende annonçant la fin du monde et de l'humanité. Inscrite dans un encadrement de marbre noir, la magnifique porte (1636) en bois est recouverte de tôle de fer marquée du monogramme démultiplié du roi Casimir le Grand, un K surmonté d'une couronne.
Au milieu de la nef centrale se dresse l'**autel de saint Stanislas★★** (Grobowiec Św. Stanisława), principal saint patron de la Pologne, dont les reliques sont contenues dans un sarcophage recouvert de feuilles d'argent ciselées, abrité sous un baldaquin baroque de marbre noir et rose. Réalisé à Gdańsk dans les années 1669-1671 par Pierre van der Rennen, le reliquaire est décoré de scènes illustrant la vie de l'évêque et martyr, tué par le roi Boleslas le Hardi le 11 avril 1079. Objet d'un culte particulier depuis son transfert à Wawel en 1254, sa tombe était considérée comme un autel de la patrie (Ara Patriae), sur lequel les rois venaient déposer leurs trophées de guerre. Entouré par les quatre monuments des évêques de Cracovie, l'autel est précédé dans la nef par les sarcophages des rois **Ladislas II Jagellon★** (à droite) et **Ladislas de Varna** (à gauche).
Dans le chœur, admirez les belles stalles et une chaire fin Renaissance, réalisées par l'ébéniste Jan Szabur (vers 1620).
Le **maître-autel** (Ołtarz Główny), de style baroque, est l'œuvre de l'Italien Giovanni Battista Gisleni (1649). C'est là que furent couronnés les rois de Pologne durant plus de quatre siècles.
Le circuit de visite vous invite à poursuivre par la gauche pour rejoindre le déambulatoire nord.
Au milieu de la travée, des marches mènent à la **crypte des Grands Poètes nationaux** (Krypta Wieszczów Narodowych), où reposent notamment Adam Mickiewicz († 1855) et Juliusz Słowacki († 1849), dont les dépouilles furent transférées de France, où ils avaient vécu exilés.
Accessible par un escalier au départ de la sacristie *(accès payant)*, la **tour de Sigismond★★** (Wieża Zygmuntowska) conduit à travers une impressionnante charpente en bois (16e s.) vers les cinq plus grosses cloches de la cathédrale (qui en compte huit). Celle baptisée **Sigismond** (1520) est la plus grosse

Les tours et les coupoles de la cathédrale de Wawel.

NON·NOBIS·SED

cloche de Pologne et la deuxième au monde en taille avec ses 2,60 m de diamètre et ses 11 tonnes. Pour que résonne sur la ville, seulement à l'occasion des grandes fêtes religieuses et nationales, son vibrant *ré* majeur, huit à dix hommes sont nécessaires pour balancer son marteau de 350 kg.

Revenez dans le déambulatoire pour poursuivre la visite.

Dans le déambulatoire nord, le gisant du roi **Ladislas le Nain** († 1333) fut le premier sarcophage royal élevé dans la cathédrale.

Au bout de l'aile orientale du déambulatoire se tient l'**autel du Seigneur-Jésus-Crucifié** (Ołtarz z Czarnym Chrystusem), où la reine Hedwige aurait connu une vision mystique. Le crucifix de sainte Jadwiga, disposé sur une plaque d'argent, est composé d'un curieux Christ gothique de bois sombre, drapé d'un tulle noir, intégré à un autel baroque de marbre noir.

Derrière le maître-autel se dressent les exubérants **monuments funéraires** du baroque tardif (1760) des rois Michel Korybut Wiśniowiecki († 1673) et Jean III Sobieski († 1696). Dans la chapelle en face, on trouve le monument funéraire maniériste du roi **Étienne Batory★★**, délicatement sculpté en 1595 par Santi Gucci.

Poursuivant dans le déambulatoire sud, remarquez la **chapelle d'Olbracht★★** (Kaplica Jana Olbrachta) dans laquelle, sous une belle voûte gothique en berceau, repose le sarcophage en marbre rouge du roi Jean Olbracht († 1501), déposé sous un arc triomphal somptueusement décoré. C'est l'un des premiers exemples d'un type de monument funéraire Renaissance qui allait faire école par la suite en Pologne.

Face à cette chapelle se profile le **tombeau gothique du roi Casimir le Grand★★** (Gotycki Grobowiec Króla Kazimierza Wielkiego, † 1370).

Mausolée de la dynastie des Jagellon, la **chapelle Sigismond★★★** (Kaplica Zygmuntowska) est le pur chef-d'œuvre de l'architecture Renaissance en Pologne. Élevée entre 1519 et 1533 sur l'ordre du roi Sigismond Ier le Vieux, elle doit sa conception, de plan carré et surmontée d'un dôme, à l'architecte Bartolomeo Berecci, et sa somptueuse décoration à des artistes italiens.

La coupole extérieure fut recouverte d'écailles dorées en 1591-1592, sur l'ordre de la reine Anna Jagellon. Face à l'entrée se dresse la **stalle royale** (Ława Królewska) en marbre rouge de Hongrie, appuyée sur le sarcophage de la reine **Anna Jagellon** († 1596). Côté droit, intégré dans une double arcade superposée, s'élève le monument funéraire (remanié par le sculpteur Santi Gucci dans les années 1574-1575) du roi **Sigismond Ier le Vieux** († 1548, en haut) et de son fils **Sigismond Auguste** († 1572, en bas). Face à lui se tient, niché dans une arcade le long de la paroi est, l'**autel** (Ołtarz), composé d'un **polyptyque** exécuté à Nuremberg dans les années 1531-1538. Les douze panneaux d'argent partiellement dorés figurent des épisodes de la vie de la Vierge surmontés latéralement des représentations de saint Adalbert et

de saint Stanislas. Les vantaux fermés figurent 14 scènes peintes par Georg Pencz de la Passion, de la Mort, de la Résurrection et de l'Ascension du Christ. La coupole, divisée en caissons décorés de rosaces, est surmontée d'une lanterne où figure la signature du concepteur de la chapelle.
Face au portail se tient le **sarcophage de la reine Hedwige** († 1399). Réalisé en marbre blanc de Carrare dans un style néogothique (1902), il s'inspire de celui exécuté par Jacopo della Quercia pour Ilaria del Carretto dans le Duomo de Lucca en Toscane.
La suite de la visite, qui mène aux tombaux royaux et à la crypte royale, est payante. Sur votre gauche s'ouvre la **chapelle des Vasa** (Kaplica Wazów), du nom d'une des grandes dynasties royales qui régna au 17e s. Parfaite réplique de la chapelle de Sigismond, elle est décorée en style baroque et recouverte d'une coupole ornée de stucs. Le portail et le décor en bronze ajouré de la porte méritent une attention particulière.
Contiguë, la **chapelle de la famille Szafraniec** (Kaplica Szafrańców) est surmontée par la tour Wikaryjska, un imposant beffroi que vous apercevrez de l'extérieur. Elle précède la **chapelle des Potocki** (Kaplica Potockich), rénovée dans un style néoclassique dans les années 1832-1840.
La **chapelle de la Sainte-Croix★★** (Kaplica Świętokrzyska), de style gothique, est la seule chapelle médiévale de la cathédrale à avoir conservé sa décoration originelle, avec de belles **fresques** d'influence byzantine réalisées en 1470 par des artistes de l'école russe de Pskov.
Dans l'angle nord-ouest, sous un haut baldaquin soutenu par huit colonnes, repose le sarcophage du roi **Casimir Jagellon**, réalisé l'année même de sa mort en 1492 par Veit Stoss. Face à l'entrée, l'imposant monument de l'évêque Cajetan Sołtyk, élevé en 1790, représente celui-ci debout au-dessus de son sarcophage, d'où s'échappe un aigle noir (l'emblème de la famille), et un bras armé d'un sabre. Le tout ne manque pas de fantaisie. Les beaux vitraux de style Sécession sont l'œuvre de **Józef Mehoffer**.
L'accès aux cryptes se fait dans le coin nord-ouest de la cathédrale.
La **crypte royale** (Groby Królewskie) contient depuis le 17e s. les sépultures des rois et reines polonais, mais également de quelques héros nationaux tels que Tadeusz Kościuszko (1746-1817), le prince Józef Poniatowski (1763-1813), le maréchal Józef Piłsudski (1867-1935) et le général Władysław Sikorski.
La **crypte de saint Léonard★** (Krypta Św. Leonarda), le seul vestige de la cathédrale romane érigée aux 11e s. et 12e s., abrite la plus importante série de sépultures. C'est ici qu'en 1946 un jeune prêtre dénommé Wojtyła célébra sa première messe.

Château royal★★

(Zamek Królewski)
B3
Siège et symbole de l'autorité royale durant six siècles, le château de Wawel mêle plusieurs styles architecturaux.

Précédé par un *palatium* puis par une résidence princière romane, le premier château digne de ce nom fut édifié au début du 11e s. par le duc et futur roi Boleslas le Vaillant. Au cours du 14e s., le dernier monarque de la dynastie des Piast, Casimir III le Grand, le transforma en une imposante forteresse gothique qui brûla en 1499. Le troisième château résulte de la volonté du roi Sigismond Ier le Vieux qui confia, dans la première moitié du 16e s., aux architectes italiens Francesco Florentino et Bartolomeo Berrecci la réalisation du palais Renaissance tel qu'on peut encore partiellement l'admirer aujourd'hui. Après un incendie survenu en 1595, la rénovation de l'aile nord fut confiée à l'architecte italien Giovanni Trevano par Sigismond III Vasa, le même qui déplacera pourtant la capitale de Cracovie à Varsovie en 1596, amorçant le déclin de Wawel. Abandonné à partir de 1655 aux razzias successives des Suédois, des Russes puis des Prussiens, il fut transformé, après l'annexion par l'Autriche de 1796, en caserne et la colline, entourée pour l'occasion d'une nouvelle fortification en brique, en terrain de manœuvre. Cédé aux Polonais en 1905, Wawel abandonnait enfin son statut de garnison militaire, mais ce n'est qu'avec l'indépendance retrouvée en 1918 que sa restauration fut entreprise, laquelle profita d'abord au gouverneur général nazi de Cracovie, Hans Frank, qui s'y installa en 1939 avec ses sbires. Achevée après la guerre, la restauration complète de l'édifice lui a redonné une partie de son éclat d'antan.

Extérieur – La vaste cour intérieure, formée sur trois côtés par la superposition de trois magnifiques galeries à colonnes et arcades, est une pure splendeur, digne des plus fameux *palazzi* italiens de la Renaissance. Elle se distingue par une remarquable galerie haute soutenue par de très graciles colonnes supportant pourtant un toit pentu et trapu. La décoration de Hans Dürer qui couvrait le haut des murs extérieurs des galeries a été restituée. À son apogée au 16e s., le château obéissait à l'organisation suivante : le rez-de-chaussée de l'aile nord était dévolu au trésor de la Couronne, tandis que l'intendance occupait l'aile orientale. Au 1er étage se trouvaient les appartements privés du roi, tandis qu'au second, dit *piano nobile*, étaient situées les salles d'apparat et de cérémonies. Aujourd'hui, les galeries ouvrent sur cinq expositions réparties à travers un dédale de plus de 70 pièces. L'accès à l'exposition « Wawel Perdu » *(p. 80)* ne se fait pas par cette cour.

★★ Appartements royaux privés (Prywatne Apartamenty Królewskie) – *Visite guidée seult (en polonais ou en anglais), dép. ttes les 10mn - avr.-oct. : mar.-vend. 9h30-17h, w.-end 10h-17h ; nov.-mars : mar.-vend. 9h30-16h, sam. 10h-16h - dernière entrée 1h av. fermeture - fermé lun. - 25 PLN (21 PLN de nov. à mars).* Ils dénotent des goûts artistiques de la dynastie Jagellonne. Richement décorés, ils valent surtout pour la précieuse collection de tapisseries des Flandres qui orne les murs des appartements privés du roi Sigismond Ier le Vieux

La Dame à l'hermine *de Léonard de Vinci (1485) est exposée provisoirement au château royal de Wawel.*

et les appartements d'État situés au second étage. Des 360 tapisseries du 16e s. (appelées *arrasy* en référence à la manufacture d'Arras en France) commandées par le dernier des Jagellon, seules 136 pièces ont survécu. Dessinées par les peintres Willem Tons et Michiel van Coxcie, surnommé le Raphaël flamand, elles illustrent pour la plupart des scènes de l'Ancien Testament, telles Adam et Ève dans le jardin d'Éden, l'histoire de Noé ou la construction de la tour de Babel. Parties en Russie après la troisième partition de la Pologne en 1795, ces précieuses tapisseries ne revinrent à Cracovie qu'au cours des années 1920. Évacués au Canada juste avant la Seconde Guerre mondiale, les tapisseries et autres trésors du château ne furent rendus à la Pologne communiste qu'en 1962.

★★★ **Appartements d'État** (Komnaty Królewskie) – *Avr.-oct. : mar.-vend. 9h30-17h, w.-end 10h-17h ; nov.-mars : mar.-vend. 9h30-16h, w.-end 10h-16h - dernière entrée 1h av. fermeture - fermé lun. - 18 PLN (16 PLN et gratuit dim. de nov. à mars)*. Ils constituent l'intérêt majeur du château. Plusieurs des salles tirent leurs noms des frises figurant au-dessous des plafonds peints. Vous traverserez ainsi successivement sur la gauche – à partir de l'escalier des Députés qui débouche au milieu de l'aile orientale – la **salle des Tournois** (Sala Turniejowa, d'après la frise de 1535 signée Hans Dürer, frère d'Albrecht), la **salle de la Revue militaire** (Sala pod Przeglądem Wojsk, frise d'Anton de Breslau de 1535), toutes deux décorées de peintures et de mobilier d'origine italienne. À l'extrémité de cette aile, la **salle des Députés**★★★ (Sala Poselska), sans doute la plus spectaculaire du château, servait de salle d'audience royale et de salle de débat au Sejm, le Parlement polonais. Sa particularité réside dans un remarquable décor de têtes sculptées en bois jaillissant littéralement des caissons du plafond. Ce remarquable travail fut réalisé entre 1531 et 1535 par deux artistes de

UNE BONNE LANGUE DE BOIS

Avez-vous remarqué la présence d'une tête bâillonnée parmi les têtes sculptées du plafond de la salle des Députés ? Un jour que le roi Sigismond Auguste présidait l'audience du tribunal comparut une pauvre veuve injustement accusée d'un vol à l'étalage. Alors que le roi s'apprêtait à la condamner, une puissante voix humaine s'abaissa du plafond pour l'apostropher en ces termes : « Auguste roi, rends la juste sentence ». Cette intervention pour le moins inopinée d'une des têtes suffit à convaincre le roi de l'innocence de la femme, mais ce dernier – de peur de voir cette tête de bois munie d'une conscience s'immiscer dans les affaires du royaume et contester son autorité – ordonna au sculpteur de couvrir d'un bandeau les lèvres de la tête qui avait parlé pour l'empêcher d'intervenir à nouveau.

Breslau, Sebastian Tauerbach et maître Hans Snycerz. Sur les 194 têtes d'origine, il n'en subsiste malheureusement que 30. La frise *La Vie de l'homme* qui décore la pièce est signée Hans Dürer. Les salles situées au nord de l'escalier, la **salle des Zodiaques** (Sala Pod Zodiakiem), la **salle des Planètes** (Sala Pod Planetami) et la **salle de la Bataille d'Orsza** (Sala Bitwy pod Orszą), tirent également leurs noms des frises exécutées au début des années 1930 par Leonard Pękalski. Une autre salle remarquable est la **salle aux Oiseaux** (Sala pod Ptakami) aux beaux portails de marbre, située à l'amorce de l'aile nord, aile qui fut remodelée après l'incendie de 1595 en style baroque par l'architecte italien Trevano et décorée dans le goût de la dynastie Vasa. Représentative, la **salle sous l'Aigle** (Sala pod Orłem), autrefois utilisée par la Cour royale de justice, abrite une belle série de peintures hollandaises et flamandes, dont un **portrait équestre** du prince Ladislas IV Vasa (1624) réalisé par Pierre Paul Rubens. Pour finir, la salle sous les Muses conduit à la **salle des Sénateurs** (Sala Senatorska) dont le beau plafond à caissons Renaissance a été préservé. Celle qui constitue la plus vaste pièce du château accueille une impressionnante série de tapisseries, cinq grandes pièces illustrant des scènes de la Genèse.

Trésor et armurerie – *Avr.-oct. : lun. 9h30-13h, mar.-vend. 9h30-17h, w.-end 10h-17h ; nov.-mars : mar.-sam. 9h30-16h - dernière entrée 1h av. fermeture - 18 PLN (16 PLN de nov. à mars) ; gratuit lun.* Situé dans de belles pièces gothiques au rez-de-chaussée de l'angle nord-est du château, le **trésor de la Couronne** (Skarbiec Koronny) rassemble une pléthore (bien que le fonds original ait été pillé à plusieurs reprises, notamment par les Prussiens) d'objets précieux de la Couronne polonaise et ayant servi à l'intronisation des rois. Le clou de la visite reste la célèbre épée des rois, dénommée **Szczerbiec** (l'ébréchée), un symbole de vaillance utilisé lors de leur couronnement. L'**armurerie** (Zbrojownia) renferme une riche collection d'armes et d'armures polonaises et européennes et des trophées de guerre. On peut y voir également des copies des étendards pris à l'ennemi teutonique lors de la bataille de Grunwald en 1410.

Art oriental (Sztuka Wschodu) – *Avr.-oct. : mar.-vend. 9h30-17h, w.-end 10h-17h ; nov.-mars : mar.-sam. entrée à 11h et 14h - dernière entrée 1h av. fermeture - fermé lun. - 10 PLN (7 PLN de nov. à mars).* Située dans l'angle nord-ouest du château, cette exposition résulte des conséquentes prises de guerre effectuées par le roi Jean III Sobieski après sa victoire sur les Turcs ottomans à Vienne en 1683, parmi lesquelles une précieuse tente d'apparat fait figure de pièce maîtresse.

★★★ **La Dame à l'hermine** – *Avr.-oct. : mar.-vend. 9h30-17h, w.-end 10h-17h ; nov.-mars : mar.-sam. 9h30-16h, dim. 10h-16h (sf nov.-déc.) - dernière entrée 1h av. fermeture - fermé lun. - 10 PLN.* Au 2e étage de l'angle nord-ouest du château est exposé le fleuron de la collection du musée des Princes

Czartoryski *(actuellement en rénovation)*. La délicate *Dame à l'hermine* représente la jeune Cecilia Gallerani, alors maîtresse de Ludovic Sforza, duc de Milan. C'est l'un des quatre portraits de femme réalisés par **Léonard de Vinci**, avec *La Joconde*, *Ginevra de' Benci* et *La Belle Ferronnière*. À la suite d'une confusion, le tableau porte dans son coin supérieur gauche l'inscription « La bele feroniere Leonard d'Awinci », en raison de la ressemblance supposée des deux dames.

★ **Exposition Wawel Perdu** (Wawel Zaginiony) – *Entrée sur l'esplanade de Wawel, près de la cafétéria - avr.-oct. : lun. 9h30-13h, mar.-vend. 9h30-17h, w.-end 10h-17h ; nov.-mars : mar.-sam. 9h30-16h, dim. 10h-16h - dernière entrée 1h av. fermeture - 10 PLN (7 PLN de nov. à mars) ; gratuit lun. (avr.-oct.) et dim. (nov.-mars).* Au rez-de-chaussée et dans les caves du bâtiment qui ferme la partie occidentale de la cour à arcades, cette exposition se propose de montrer à quoi pouvait bien ressembler la colline de Wawel 1 000 ans plus tôt. Principale curiosité, les fondations reconstituées de la **rotonde de la Vierge-Marie** ou de Saint-Félix-et-Saint-Adaucte (Rotunda pw. Panny Marii ou Św. Feliksa i Adaukta), la plus ancienne église en pierre bâtie sur la colline au 10e s. ou au début du 11e s., qui fut peut-être également la première église chrétienne de Pologne. Démolie au début du 19e s. par les Autrichiens, elle fut exhumée lors de fouilles effectuées en 1917.

Musée de la Cathédrale

(Muzeum Katedralne)

A3 - ✆ *12 429 33 27 - www.katedra-wawelska.pl - lun.-sam. 9h-16h (17h d'avr. à sept.) - fermé dim. et j. fériés - billet combiné avec les tombeaux royaux et le clocher de la cathédrale 12 PLN ; audioguide (en français) 7 PLN.*

L'HISTOIRE DU DRAGON QUI N'Y AVAIT VU QUE DU FEU

Une légende relate que la quiétude du royaume du bon roi Krak fut un jour menacée par la disparition répétée d'habitants qui s'aventuraient du côté de la Vistule. Un jeune homme qui échappa in extremis *à une fin identique révéla la nature du danger : un épouvantable dragon avait élu domicile dans la colline. Le roi s'engagea alors à offrir la moitié de son royaume et la main de sa fille à qui délivrerait la ville de ce fléau. Princes et chevaliers s'y risquèrent en vain avant qu'un jeune cordonnier ne prétende savoir – à condition que le roi veuille bien lui donner son plus gros mouton – comment anéantir le dragon. Après avoir rempli sa panse de soufre et de goudron, il le déposa aux abords de la grotte. À l'aurore, la ville fut réveillée par une énorme détonation. Le dragon avait englouti sa proie, mais en butte à une soif terrible, il avait bu tant d'eau que son ventre avait fini par éclater. Le bon roi Krak honora alors toutes ses promesses.*

Il est abrité depuis 1978 dans la maison du chapitre. Sa collection d'art sacré mêle vaisselle et habits liturgiques, ainsi que des pièces historiques. Citons : la lance de saint Maurice offerte en l'an mil par l'empereur prussien Otto III à Boleslas le Vaillant, le manteau de couronnement de Stanislas Auguste Poniatowski, les diadèmes de Boleslas le Pudique et de sa femme Kinga, ainsi que le reliquaire du crâne de saint Stanislas.

Tour Sandomierska

(Baszta Sandomierska)

A1 - *Avr. et sept. : 10h-17h ; mai-juin : 10h-18h ; juil.-août : 10h-19h ; oct. : w.-end 10h-17h - fermé nov.-avr. - 4 PLN.*

C'est l'une des deux tours d'artillerie du château, construite autour de 1460, sous le règne de Casimir IV Jagellon, pour renforcer les défenses de la résidence royale. En temps de paix, la tour servit de prison. Il vous faudra grimper 137 marches pour profiter du panorama qui s'offre du sommet.

Caverne du Dragon

(Smocza Jama)

A3 - *L'accès à la caverne s'effectue depuis le sommet de la citadelle par une tourelle adossée au mur d'enceinte (une machine automatique délivre les billets) d'où part un escalier hélicoïdal de 135 marches. Mai-juin : 10h-18h ; juil.-août : 10h-19h ; sept.-oct. : 10h-17h - fermé nov.-avr. - 3 PLN.*

Entourée de mystère, cette grotte ne vous fera arpenter (afin de ne pas déranger le dragon) que 81 m des 270 que compte la colline. Sa visite n'apporte cependant rien d'essentiel, sinon, pendant la canicule estivale, un peu de fraîcheur. Le spécimen de métal (Smok Wawelski) crachotant du feu *(ttes les 2mn)*, qui vous attend sagement à la sortie de la grotte, est l'œuvre de Bronisław Chromy et fut érigé en 1972.

Musée de l'Art et de la Technique japonaise Manggha★★

(Muzeum Sztuki i Techniki Japońskiej Manggha)

C7 sur plan détachable - *Ul. Konopnickiej 26 - ✆ 12 267 27 03 - http://manggha.pl - tlj sf lun. 9h-19h - 15 PLN. Bar-restaurant : 10h-19h (w.-end 20h).*

Ce bâtiment futuriste, dont les miroirs extérieurs réfléchissent la perspective du château et de la Vistule, est placé sous l'égide de la fondation Kyoto-Kraków, créée à l'initiative du cinéaste et metteur en scène Andrzej Wajda et de sa femme, Krystyna Zachwatowicz. La construction de ce bâtiment, œuvre de l'architecte japonais Arata Isozaki, a été possible grâce à l'affectation à ce projet du prix décerné au cinéaste par la fondation Inamori de Kyoto en 1987. Inauguré en 1994, ce musée présente la culture japonaise à travers de très belles expositions qui, par roulement, présentent la collection privée de l'écrivain Feliks « Manggha » Jasieński, léguée au Musée national de Cracovie en 1920.

Kazimierz★★

L'ancienne ville fondée en 1335 par Casimir le Grand a connu une histoire bien tourmentée. Elle fut le refuge des juifs de Cracovie depuis la fin du 15e s., et sa population fut d'abord déplacée avant d'être presque intégralement décimée par l'occupant nazi. Ce quartier désormais à la mode parvient à conserver une identité forte et attachante et à assumer les épisodes les plus tragiques de son histoire.

➔**Accès** : au sud-est du château de Wawel par la rue Stradomska. Plan détachable D-E 7 et **plan de quartier p. 84-85**.

➔**Conseils** : Kazimierz vaut bien une demi-journée. L'idéal est de résider sur place ; c'est probablement le quartier le plus agréable de Cracovie. Si toutefois vous n'y logez pas, passez-y la fin de l'après-midi afin de profiter, une fois vos visites terminées, de l'ambiance nocturne qui anime ses rues.

Shabbat oblige, les synagogues et le nouveau cimetière juif sont fermés le samedi.

Rue Szeroka★★

C1

Malgré son nom, elle présente toutes les apparences d'une vraie place. Autrefois dénommée Grande Rue, elle porte tout aussi bien son nom actuel de « rue Large ». Centre de la vie commerciale et religieuse de la ville juive du 15e s. au 19e s., elle servait également de place de marché. Loin de son atmosphère d'antan et de son animation passée, elle est désormais encombrée de touristes et de voitures, épicentre du Kazimierz touristique fréquenté pour ses hôtels, ses galeries et ses bars et restaurants de cuisine traditionnelle juive.

Au n° 16, dans le renfoncement de la cour du restaurant Ariel *(voir p. 26)*, se trouve l'ancienne **synagogue Popper** (Synagoga Poperra), fondée en 1620 par un riche commerçant et banquier, Wolf Popper, surnommé « la Cigogne ». Saccagée pendant la guerre, elle accueille depuis 1965 un centre culturel ouvert à la visite. Côté opposé se dresse le **palais Jordan** (Pałac Jordanów), du nom de la riche famille qui l'habita, autrement dénommé « palais Landau ».

Synagogue et cimetière Remu'h★★

(Bożnica Remuh i Cmentarz Remuh)

C1 - *Ul. Szeroka 40 - ✆ 12 429 57 35 - tlj sf sam. 9h-18h - 5 PLN. Kippa obligatoire.*

Parfois également désignée comme « la Nouvelle » par rapport à la Vieille Synagogue, elle fut fondée par Israël Isserles Auerbach pour son fils, le rabbin Moïse Isserles (1520-1572) dit Remu'h, savant, philosophe et éminent talmudiste, et construite entre 1556 et 1558 par Stanisław Baranek. Elle a retrouvé son caractère religieux en 1945 et reste toujours un actif lieu de prière.

Le cimetière Remu'h.

Sa visite est combinée à celle du **cimetière★★** *(port de la kippa également obligatoire)* qui constitue le plus ancien cimetière de la communauté juive de Cracovie et l'un des plus vieux cimetières juifs en Europe. Situé derrière la synagogue, il fut créé dans l'année 5331 (1551 de l'ère chrétienne) et demeura la nécropole principale de Kazimierz. Les membres les plus éminents de la communauté juive y furent inhumés jusqu'en 1800, année de sa fermeture par les autorités autrichiennes. Négligé par la suite, il fut vandalisé par les nazis durant la Seconde Guerre mondiale et ne cessa de se dégrader jusqu'à ce qu'en 1959-1960 des fouilles archéologiques ne révèlent l'existence de plusieurs couches de sépultures (une partie non fouillée au sud-est s'élève encore de près de 5 m). Plus de 700 tombes, dont certaines d'une grande valeur artistique, furent ainsi mises au jour, restaurées et replacées avec soin. Notez, pour certains éminents personnages, la présence de « doublons », soit une seconde tombe réalisée après guerre alors que l'on croyait la tombe originelle définitivement disparue. Contiguë au mur ouest de la synagogue, la **tombe** du rabbin Remu'h fait partie des rares sépultures épargnées par les nazis, un fait miraculeux interprété par les juifs orthodoxes, qui ne cessent depuis d'affluer vers sa tombe, comme un signe supplémentaire de sa sainteté et de son pouvoir surnaturel. À droite de l'entrée, les fragments de vieilles *matzevas* ont servi à constituer un **mur du souvenir** dans le mur de clôture de la rue Szeroka.

Vieille Synagogue★

(Synagoga Stara ou Bożnica Stara)

C1 - *Ul. Szeroka 24 - ✆ 12 422 09 62 - www.mhk.pl - avr.-oct. : lun. 10h-14h,*

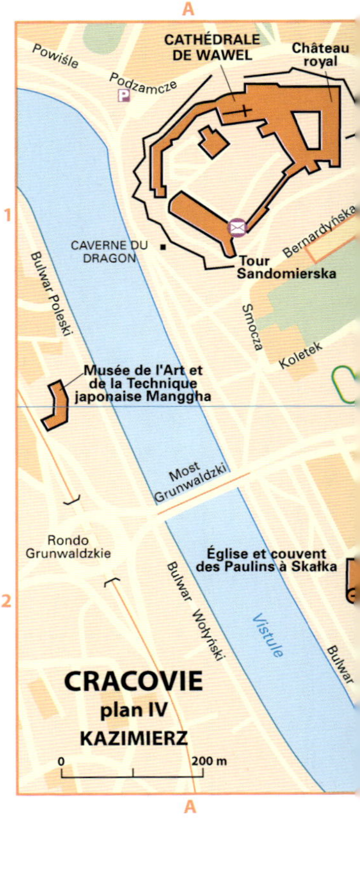

mar.-dim. 9h-17h ; nov.-mars : lun. 10h-14h, mar.-jeu. et sam.-dim. 9h-16h, vend. 10h-17h - dernière entrée 30mn av. fermeture - 9 PLN (gratuit lun.) ; audioguide (en anglais ou allemand) 10 PLN.

C'est le plus ancien édifice juif conservé de Pologne. La synagogue fut bâtie dans le style gothique au tout début du 15e s., puis remaniée en style Renaissance, après l'incendie

de Kazimierz en 1557, par l'architecte italien Mateo Gucci. Lors de sa rénovation entreprise au début du 20e s., on a retrouvé son niveau du 16e s., ce qui explique qu'elle soit en contrebas de la voirie actuelle. Une belle clôture en fer ornée de l'étoile de David délimite son périmètre. Elle abrite aujourd'hui la section judaïque du Musée historique de la ville consacrée à l'histoire des Juifs de Cracovie.

Musée juif de Galicie★

C1 - *Ul. Dajwór 18 - ✆ 12 421 68 42 - www.galiciajewishmuseum.org - 9h-20h - fermé pour Yom Kippour et le 25 déc. - 15 PLN.*

Ce musée relève d'une démarche intéressante : porter un regard contemporain sur le passé juif de la Galicie polonaise. L'exposition « Traces de mémoire » vise, notamment à travers une série de larges photographies, à témoigner d'une civilisation qui s'est développée durant près de dix siècles et qui a brusquement disparu, décimée pratiquement du jour au lendemain. Elle se double d'une exposition temporaire. Bien légendé en anglais.

Nouveau cimetière juif★

(Nowy Cmentarz Żydowski)

C1 - *Ul. Miodowa 55 - tlj sf sam. 9h-18h - fermé sam. et fêtes juives - entrée libre.*

Ne manquez pas d'arpenter les allées de ce cimetière, laissé à l'abandon et envahi par la végétation, qui incite à la méditation. Créé en 1800 en dehors du Kazimierz de l'époque pour remplacer le cimetière Remu'h, il fut saccagé par les nazis qui exploitèrent les pierres tombales *(matzeva)* comme matériau de construction. Signe de la laïcisation et de l'assimilation culturelle qui concernaient de plus en plus de Juifs de Cracovie, certaines des tombes présentent des épitaphes en allemand ou en polonais. Parmi les tombes les plus connues, celles du peintre Maurycy Gottlieb (1856-1879) et du photographe **Ignacy Krieger** (1817-1889), dont les photos témoignent du Cracovie d'autrefois.

Haute Synagogue

(Bożnica Wysoka)

C1 - *Ul. Józefa 38.*

Située au n° 38 de la rue Józefa, elle fut la troisième synagogue de la ville à être construite, entre 1556 et 1563, mais fut totalement restaurée en 1863 puis altérée après la guerre. Son nom provient de la situation de la salle de prière, « haute » par rapport à la rue. Son austère façade est percée par trois grandes fenêtres qu'encadrent quatre larges contreforts. Avant la guerre, ses murs étaient couverts de fresques illustrant des scènes de la Bible ; des fragments de ces peintures murales, avec des inscriptions en hébreu, ont été conservés. La synagogue accueille régulièrement des expositions temporaires.

Au n° 42 de la même rue, on aperçoit une **maison de prière** destinée à l'étude de la Torah (Kowea Itim l'Tora), construite en 1810 et rénovée en 1912.

Intérieur de la Vieille Synagogue.

Synagogue Isaac★

(Synagoga Izaaka)

C1 - *Ul. Kupa 18 - ✆ 12 430 22 22 - dim.-jeu. 8h30-20h (18h de nov. à mars), vend. 8h30-14h30 - fermée sam. et lors des fêtes juives - 7 PLN.*

L'architecte italien Giovanni Battista Trevano et le stucateur Giovanni Battista Falconi sont à l'origine de cette majestueuse synagogue baroque construite entre 1638 et 1644. L'escalier extérieur permettait aux femmes de rejoindre la galerie qui leur était réservée. Des concerts de musique klezmer y sont donnés régulièrement *(✆ 12 608 062 459 - www.newculture.pl - dim.-jeu. à 18h - 60 PLN).*

Place Nouvelle

(Nowy Plac)

B1

Autrefois dénommée « place Juive », elle se caractérise par la présence en son centre d'une halle circulaire édifiée en 1900. De 1927 à la guerre, celle-ci fut affectée à l'abattage rituel casher des volailles. Aujourd'hui, les abords de la place ont été colonisés par un grand nombre de cafés branchés qui s'animent le soir venu et un populaire marché aux puces s'y déroule chaque dimanche matin.

Centre de culture juive

(Centrum Kultury Żydowskiej)

B1 - *Ul. Rabina Meiselsa 17 - ✆ 12 430 64 49 - www.judaica.pl - lun.-vend. 10h-20h, w.-end 10h-14h.*

Au coin de la place, dans la rue Meiselna, le centre culturel juif, siège de la Fundacja Judaica, abrite des expositions et accueille des concerts. N'hésitez pas à y pénétrer pour avoir une idée du programme et pour également profiter de son salon de thé et faire une pause sur son agréable petit toit-jardin.

Synagogue Tempel

(Synagoga Tempel)

B1 - *Ul. Miodowa 24 - ✆ 12 430 54 11 - tlj sf sam. 10h-18h - 5 PLN.*

Construite en 1862 dans un style néoroman et dotée d'une décoration inspirée par l'art mauresque, elle est la plus récente des synagogues de Kazimierz. Également dénommée Synagogue progressiste *(postępowa)*, elle était fréquentée par bon nombre d'intellectuels juifs adeptes de la Haskala (lumière). S'y retrouvaient les *maskilim* (éclairés) cracoviens qui réclamaient l'égalité des droits, une éducation laïque et rejetaient la pratique du yiddish et le port de la tenue traditionnelle, s'opposant en cela aux préceptes des ultra-orthodoxes hassidiques. Elle constitue aujourd'hui, avec la synagogue de Remu'h, l'un des deux temples encore actifs à Cracovie. Derrière la synagogue fonctionnait avant guerre un établissement de bains rituels (mikvé).

Église de la Fête-Dieu

(Kościół Bożego Ciała)

B2 - *Ul. Bożego Ciała 26.*

Première église de Kazimierz érigée en 1340 par le roi du même nom, elle fut complétée au milieu du 15e s. et plusieurs fois remaniée. Durant le siège de Cracovie par les troupes suédoises au milieu du 17e s., l'église et son cloître servirent de quartier général au roi Carl Gustav et à ses troupes. L'intérieur offre un saisissant contraste entre l'austère architecture de pierre et de brique et la riche ornementation des autels baroques sculptés qui s'y trouvent. Le grand autel maniériste enchâsse deux peintures attribuées à Tomasso Dolabella : une Nativité et une Descente de Croix. À voir aussi, les vitraux gothiques du chœur, les belles stalles (1632) et la spectaculaire chaire baroque en forme de bateau. L'architecte de Wawel, Bartolomeo Berecci, mort assassiné en 1537, repose dans la chapelle Sainte-Anne.

Place Wolnica

B2

Sur l'ancienne place du marché (réduite aujourd'hui par rapport à sa taille initiale) se dresse l'ancien **hôtel de ville** (Ratusz Kazimierski) du 15e s. de Kazimierz. Coiffé côté ouest d'un bel attique crénelé, et dominé par une tour octogonale du 16e s., il abrite aujourd'hui les riches collections du **Musée ethnographique** (Muzeum Etnograficzne) qui rassemble un grand nombre de pièces de la culture traditionnelle et de l'art polonais exposées notamment à travers des reconstitutions d'intérieurs domestiques rustiques, essentiellement du sud de la Pologne. Le musée présente également une section d'objets provenant de cultures d'autres continents. L'annexe située à proximité *(Ul. Krakowska 46)* accueille les expositions temporaires *(Pl. Wolnica 1 ; mar., merc., vend., sam. 11h-19h, jeu. 11h-21h, dim. 11h-15h ; 9 PLN, gratuit dim.).*

Église Sainte-Catherine★

(Kościół Św. Katarzyny)

B2 - *Ul. Augustiańska 7 - lun.-vend. 10h-16h, sam. 11h-14h.*

Celle qui reste l'une des plus belles églises gothiques de la ville a été fondée en 1363 par le roi Casimir le Grand sur le modèle de l'église de Notre-Dame du Rynek, en repentance, croit-on, de l'assassinat d'un religieux qu'il commandita. Son histoire est marquée par une succession de catastrophes : deux tremblements de terre en 1443 et 1786, une inondation vers 1730 et trois grands incendies en 1556, 1604 et 1638. Pour ne rien arranger, elle fut convertie en arsenal par les Autrichiens durant toute la première moitié du 19e s. Ce funeste enchaînement de coups du sort explique son caractère intérieur austère et dépouillé que vient seul contraster la présence du monumental **grand autel** (1634), miraculeusement épargné, qui encadre une peinture figurant le mariage mystique de sainte Catherine d'Alexandrie par Andrzej Wenesta. Autre curiosité, la **chapelle Sainte-Monique** (Kaplica Św. Moniki), dédiée à la mère de saint Augustin, au fond de la nef de droite. Remarquez à l'extérieur l'ancien beffroi en brique rehaussé de bois du 15e s. L'église est jouxtée au nord par le cloître du couvent des Augustins qui abrite des fresques (début 15e s.) illustrant notamment le martyr du saint.

Église et couvent des Paulins à Skałka★

(Kościół Paulinów)

A2 - *Ul. Skałeczna 15.*

Plantée « sur le rocher » *(Na Skałce)* au milieu d'un joli parc, la plus bucolique des églises cracoviennes constitue l'autre lieu de culte – avec la cathédrale – attaché au souvenir de l'évêque et martyr Stanislas. Son **cadre champêtre★★** est notamment enjolivé par la présence d'un curieux **bassin★** quadrangulaire (Sadzawka Św. Stanisława), du milieu duquel émerge une statue (1731) du saint patron de la Pologne. L'actuelle église baroque (1733-1742) est le 3e, voire 4e sanctuaire établi à cet endroit. Principale curiosité, sur l'autel qui lui est consacré dans la nef latérale gauche, le tronc d'arbre sur lequel l'évêque martyr aurait été dépecé par les sbires du roi Boleslas le Vaillant, le 11 avril 1079, après que celui-ci lui eut tranché la tête ici-même. Chaque année, le 1er dimanche après le 8 mai, jour de la Saint-Stanislas, une grande procession relie la cathédrale à cette église (où se trouvait sa première tombe avant son transfert à Wawel). Entre 1877 et 1880, on réaménagea la **crypte** creusée dans le rocher en 1792 (accès par l'extérieur au milieu de l'escalier à double rampe) pour y créer un panthéon national en complément de celui de la crypte de Wawel. Les grands artisans de la culture polonaise que sont notamment l'historien Długosz, les écrivains Siemieński et Kraszewski, les peintres Siemiradzki, Wyspiański et Malczewski, le compositeur Szymanowski y reposent dans des sarcophages. Dernier arrivé en date, le poète Czesław Miłosz, inhumé en grande pompe le 27 août 2004.

H. T. Kaiser / age fotostock

Sur la place Wolnica.

HOSTEL

Alentours de Cracovie : Présentation générale

Si vous voulez sortir de la ville, consacrez un peu de temps aux alentours de Cracovie. Une grande variété de sites vous attend. Ceux que la visite de Kazimierz a rendus plus sensibles encore à la culture juive pourront visiter le **camp d'Auschwitz** et, à Cracovie, parcourir le quartier de **Podgórze** *(B2 sur plan ci-contre)*, où se trouvaient pendant la guerre le ghetto et l'usine d'Oskar Schindler. Sur le site de cette dernière, aujourd'hui détruite, ont ouvert deux musées qui valent le détour : Cracovie pendant l'Occupation et le MOCAK.
Aussi fascinante que proche du centre-ville, la **mine de sel de Wieliczka** *(C2 sur plan ci-contre)* vous fera découvrir des richesses souterraines insoupçonnées. Au cœur de l'été, c'est aussi l'endroit idéal pour fuir quelque temps la canicule qui s'abat sur la ville.
Côté histoire, plongez en pleine époque soviétique en visitant **Nowa Huta** *(C1 sur plan ci-contre)*, l'une des villes nouvelles décidées par Staline, entièrement dédiées au monde ouvrier. Parcourez les rues de la « nouvelle fonderie » à la découverte d'un urbanisme qui se voulait rationnel à l'extrême.
Un détour par **Zwierzyniec** *(AB1 sur plan ci-contre)* vous ramènera quelques siècles en arrière à l'ombre de belles églises, jusqu'au sommet du tertre de Kościuszko qui offre l'une des vues les plus spectaculaires sur Cracovie.
Plus bucolique, **Tyniec** *(A2 sur plan ci-contre)* et son abbaye bénédictine vous combleront. Vous serez séduit par la vue sur la Vistule depuis la terrasse-belvédère.

Podgórze

La rive sud de la Vistule fut érigée en ville franche par les Autrichiens à la fin du 18e s., époque à laquelle le fleuve constituait une frontière entre Pologne et Autriche. Mais dans les mémoires, le quartier de Podgórze est avant tout lié à l'extermination des Juifs cracoviens. Le quartier compte plusieurs sites où subsiste le souvenir de ce terrible épisode de la Seconde Guerre mondiale. Sur l'ancien site de l'usine Oskar Schindler (aujourd'hui en partie détruite) se dressent deux musées qui méritent vraiment le déplacement : Cracovie pendant l'Occupation et le MOCAK.

➔**Accès** : à pied, depuis Kazimierz, traverser le pont Powstańców Śląskich qui prolonge la rue Starowiślna. Sinon, trams nos 3, 9, 13, 32 et 74. **Plan détachable F-G 7-8**. Plan des alentours de Cracovie p. 92-93.

Les quelques rues où furent entassés plus de 20 000 Juifs de la région de Cracovie à partir de 1941 s'élevaient au-delà du pont Powstańców Śląskich, tout comme le camp où ils furent ensuite détenus. L'ancien ghetto est aujourd'hui méconnaissable. Deux tronçons du mur d'enceinte sont néanmoins visibles rue Lwowska et rue Limanowskiego. Par contre, il ne subsiste rien du **camp de concentration de Płaszów** où furent transférés les Juifs qui avaient survécu à la liquidation du ghetto le 13 mars 1943 et échappé à la déportation à Auschwitz. On peut y voir, rue Kamieńskiego, un monument commémoratif dédié aux victimes des pratiques barbares d'Amon Goeth, l'officier SS en charge du camp.

Pharmacie de l'Aigle★

(Apteka Pod Orłem)

F7 - *Pl. Bohaterów Getta 18 - ✆ 12 656 56 25 - nov.-mars : lun. 10h-14h, mar.-jeu. et sam. 9h-16h, vend. 10h-17h ; avr.-oct. : lun. 10h-14h, mar.-dim. 9h30-17h - fermé 1er mar. du mois - 6 PLN, gratuit lun.*

Elle était tenue par **Tadeusz Pankiewicz**, seul Polonais non juif du ghetto, qui jouait aussi le rôle de contact avec le monde extérieur et passait en fraude nourriture et médicaments. De 1941 à 1943, l'intelligentsia juive s'y retrouvait. Branche du Musée historique de Cracovie qui y a aménagé une nouvelle exposition interactive, *La Pharmacie de Tadeusz Pankiewicz dans le ghetto de Cracovie*, l'ancienne officine constitue une visite très instructive qui raconte le quotidien des habitants du ghetto et la tragédie vécue par la communauté juive, à travers notamment les témoignages des anciens employés de la pharmacie. Revenez vers le pont et, à l'angle de la place, prenez à droite la rue Kącik qui débouche dans la rue Lipowa (empruntez le tunnel sous la voie ferrée). Au n°4 de cette rue, le site de l'ancienne **usine Emalia d'Oskar Schindler** (Fabryka Oskar Schindler Emalia) abrite aujourd'hui deux musées : Cracovie pendant l'Occupation, 1939-1945 et le MOCAK.

Cracovie pendant l'Occupation, 1939-1945★★

(Kraków czas okupacji, 1939-1945)
G7 - *Ul. Lipowa 4 - ✆ 12 257 10 17 - www.mhk.pl - avr.-oct. : lun. 10h-16h (14h le 1er lun. du mois), mar.-dim. 10h-20h ; nov.-mars : lun. 10h-14h, mar.-dim. 10h-18h - dernière entrée 1h30 av. fermeture - 19 PLN (gratuit lun.).*
Ce musée invite ses visiteurs à un terrible **voyage dans le temps** : l'époque de la terreur que firent régner les troupes d'occupation allemandes qui s'installèrent dès le 6 septembre 1939 à Cracovie, siège de leur gouvernement général en Pologne. Sur trois niveaux, il présente, selon une progression à la fois chronologique et thématique, les heures sombres et les moments héroïques de cette période qui vit le Rynek rebaptisé « Adolf Hitler Platz » : élimination de l'élite intellectuelle, création du ghetto et du camp de concentration de Płaszów, vie économique, avec bien sûr l'usine Emalia dirigée par Oskar Schindler, organisation de la résistance et vie quotidienne difficile… Rien ne manque, ni les objets, ni les nombreux témoignages d'acteurs de la période que l'on retrouve sur les écrans interactifs et dans la salle de projection. L'exposition, très bien réalisée, est particulièrement émouvante.

Musée d'Art contemporain de Cracovie (MOCAK)★★

(Muzeum Sztuki Współczesnej w Krakowie)
G7 - *Ul. Lipowa 4 - ✆ 12 263 40 00 - www.mocak.pl - tlj sf lun. 11h-19h - 10 PLN.*
L'un des derniers nés des musées de la ville, le MOCAK est un très bel espace de 10 000 m^2 consacré à l'art contemporain. Les architectes Claudio Nardi et Leonard Maria Proli ont tiré parti de six bâtiments existants sur le site de l'ancienne usine Emalia et ont également construit un nouvel édifice. Les collections permanentes comprennent une majorité d'œuvres d'artistes polonais, souvent jeunes. Les trois niveaux du musée accueillent plusieurs expositions temporaires. Le MOCAK, qui a pour ambition de faire connaître l'art contemporain à des publics éloignés de cette forme d'expression, possède également les fonds de la bibliothèque du professeur Mieczysław Porębski, éminent historien d'art et critique. Vous trouverez aussi une belle librairie et un agréable café.

Zwierzyniec★★

À environ un kilomètre à l'ouest du centre de Cracovie, le district de Zwierzyniec mérite un détour pour la variété de ses monuments : églises et monastères, mais aussi un point de vue unique sur la ville.

➔**Accès** : rejoindre le quartier de Salwator (Saint-Sauveur), au terminus des lignes de tram n°s 1, 2 et 6. De là, il reste 1,6 km d'ascension jusqu'au sommet du tertre de Kościuszko, directement accessible par le (rare) bus n° 100 partant de la place Matejko.
Plan des alentours de Cracovie p. 92-93.

Couvent des Prémontrés

(Klasztor Norbertanek)
B1. Fondé au 12e s., il se dresse face au terminus des trams, au bord de la Vistule. C'est d'ici que s'élance chaque année en direction du Rynek, huit jours après la Fête-Dieu, le cortège du Lajkonik, dont la tradition remonte à l'incursion tatare de 1287, et chaque lundi de Pâques s'y déroule une grande foire populaire appelée Emmaus.

Église Sainte-Marguerite

(Kościół Św. Małgorzaty)
B1 - *Ul. Św. Bronisławy.*
Aussi nommée « Gontyna », cette église en bois remonte au 17e s. De plan octogonal, elle est recouverte de bardeaux de bois et surmontée d'une lanterne.

Église du Très-Saint-Sauveur

(Kościół Najświętszego Salwatora)
B1 - *Ul. Św. Bronisławy.*
Un peu en amont de la précédente, elle est l'une des plus anciennes de la ville. Bâtie au 10e s., elle fut détruite lors de l'occupation suédoise et reconstruite au 17e s. Elle abrite une chaire de pierre en forme de calice, liée au souvenir de saint Adalbert, et une curieuse peinture, un Christ en croix avec un musicien (1605), œuvre de Kasper Kurcz. Juste après, remarquez la résidence lotie de belles maisons Art nouveau. La rue se prolonge par l'avenue de Washington, bordée par le **cimetière du Saint-Sauveur** (Cmentarz Salwatorski), superbement implanté sur la crête de la colline.

Tertre de Kościuszko★★

(Kopiec Kościuszki)
B1. Élevé à main d'homme, entre 1820 et 1823, à la mémoire du leader de l'insurrection nationale de 1794, Tadeusz Kościuszko, ce monticule de 80 m de diamètre et 34 m de hauteur domine le sommet de la colline (333 m). L'accès au sommet du tertre *(payant)* s'effectue sur l'arrière par la chapelle néogothique de Sainte-Bronisława. Vous bénéficierez alors d'un magnifique point de vue sur Cracovie. En contrebas de la colline, une prairie appelée **Błonia** accueille les grands rassemblements populaires. Vous pouvez y pique-niquer par beau temps.

Le tertre de Kościuszko offre une très belle vue sur la ville de Cracovie.

Abbaye de Tyniec★★

(Opactwo Benedyktynów Tyńcu)

Situé à une douzaine de kilomètres au sud-ouest de Cracovie, le couvent bénédictin, le plus ancien monastère de Pologne, conclura parfaitement une agréable balade fluviale sur la Vistule.

➔**Accès** : bus n° 112 depuis le Rynek Dębnicki (sur l'autre rive de la Vistule, de l'autre côté du pont du même nom), taxi, ou en été par l'une des navettes fluviales amarrées devant Wawel. **Plan des alentours de Cracovie p. 92-93 : A2.**

Perchée sur un promontoire rocheux surplombant la rive droite de la Vistule, l'abbaye présente toutes les caractéristiques d'une église fortifiée. Venus de France en 1044, des moines bénédictins la fondèrent au début de la seconde moitié du 11e s. D'origine romane (la droite du portail de l'église en témoigne), l'édifice se présente aujourd'hui comme un sanctuaire baroque intégrant des éléments gothiques. L'abbaye fut saccagée par les Suédois autour de 1655 puis fermée à partir de 1816. En 1939, des moines venus de l'abbaye de Saint-André-les-Bruges la repeuplèrent deux mois avant le début de la Seconde Guerre mondiale. L'âge vénérable des murs ne retient pas la communauté hors de son temps.

Seule l'église, fameuse pour ses concerts d'orgues donnés chaque été, se visite. À l'intérieur, vous remarquerez la belle **chaire** baroque en forme de proue de navire, ainsi que l'**autel** de marbre noir qui contraste avec les statues dorées qui s'y nichent. Mais l'endroit vaut surtout pour le cadre bucolique formé par sa **terrasse-belvédère★★**, depuis laquelle s'inscrit sur fond de paysage verdoyant le cours nonchalant de la Vistule qui s'étire en contrebas. Dans la cour, une structure en bois abrite un large **puits** (1620) qu'entourent de multiples légendes. Enfin, rien ne vous empêche de vous promener le long de la rivière et d'aller contempler l'église depuis l'autre rive.

LE SACRAMENTAIRE DE TYNIEC

Inscrit au Registre de la mémoire du monde de l'Unesco, cet ouvrage liturgique du 11e s. est un document unique, riche en enseignements, sur la perception du christianisme au Moyen Âge. Il renferme un calendrier liturgique, ainsi que la transcription de mélodies utilisant un mode de notation musicale primitive. L'ouvrage est conservé à la Bibliothèque nationale de Varsovie.

Nowa Huta

Un séjour prolongé à Cracovie ne saurait être complet sans une courte mais instructive excursion à Nowa Huta. Avec deux ou trois heures devant vous, une promenade à travers ses larges rues et avenues vous donnera un bel aperçu de l'architecture réaliste-socialiste et une idée du « socialisme réel » tel que les Polonais le vécurent quotidiennement durant les années 1950 et 1960. Vous y découvrirez également quelques îlots de vieilles pierres, noyés au milieu de cet océan de béton, telle la fameuse église cistercienne du vieux village de Mogiła.

➔**Accès** : à 10 km à l'est de Cracovie. La place Centrale (Plac Centralny) de Nowa Huta est accessible par les trams n°s 4, 15 et 22 et es bus n°s 502 et 511. **Plan des alentours de Cracovie p. 92-93.**

Place Centrale

(Plac Centralny)

C1. Ironie des temps nouveaux, cette place centrale, orpheline depuis 1989 de sa statue de Lénine, s'est vue accoler comme deuxième nom celui de Ronald Reagan. De ce terre-plein central au plan semi-octogonal, désespérément vide, rayonnent désormais les avenues Solidarności, du Général-Anders et de Jean-Paul-II, autant d'anticommunistes notoires, tandis que de part et d'autre s'alignent de longues unités d'habitation mornes et grises.

Un panonceau placé allée des Roses *(Aleja Róż)* invite à un **itinéraire pédestre** pour rejoindre les diverses curiosités du quartier. Comparées aux charmantes vieilles rues de Cracovie, les très larges artères paraîtront *a priori* sinistres, même si la frondaison d'arbres compense l'austérité des façades.

Un bon moyen d'appréhender l'essentiel de la cité peut consister à relier toutes ou certaines de ses curiosités en voiture ou en taxi.

À l'est, en périphérie immédiate de la cité, au bout de l'**avenue Solidarności**, le **complexe industriel** s'ouvre par la très réaliste-socialiste porte d'entrée de l'ancienne aciérie Sendzimir *(Huta im. Sendzimira)*, détenue aujourd'hui par la firme indienne Tycoon Lakshmi Mittal. Au summum de sa production, en 1977, le complexe employait 38 000 ouvriers fabriquant annuellement 6,7 millions de tonnes d'acier (aujourd'hui, autour d'un million de tonnes).

La pollution générée menaçait non seulement la santé des habitants, mais également celle des vieilles pierres des édifices historiques de Cracovie. La seule grande ville polonaise préservée après la guerre connaissait à son tour une forme de démolition et on a du mal à imaginer la Cracovie d'alors qui était une ville aux façades grises et noires. Les monuments historiques ont été ravalés depuis.

Le bâtiment à gauche, dénommé « Palais des Doges » en raison de son attique crénelé ou bien encore « le Vatican » du fait de son rôle, abritait l'administration centrale des ex-aciéries Lénine.

LA NOUVELLE FONDERIE

Tel est le nom évocateur de cette ville nouvelle, décidée par décret par Staline pour servir de modèle urbain communiste, qui fut lancée en 1949 dans la banlieue est de Cracovie. Une décision toute politique, visant à punir symboliquement une ville jugée trop intellectuelle, conservatrice, perçue comme un foyer anticommuniste. Présentée comme un cadeau octroyé par la nation soviétique au peuple polonais, cette ville moderne, dévolue au monde ouvrier et tout entière tournée vers l'énorme complexe métallurgique, devait aussi participer à changer la structure sociale de Cracovie, dominée alors par des classes bourgeoises qui venaient en 1949 de répondre majoritairement « Non » à un référendum de légitimation populaire. Cette prétention naïve à créer ex nihilo *une ville parfaite et rivale a permis à la vieille ville de Cracovie d'échapper en son cœur aux lubies de l'architecture du réalisme socialiste.*

Église de la Sainte-Vierge-Reine-de-Pologne « l'Arche »★

(Kościół N.M.P. Królowej Polski « Arka »)

C1 - *Ul. Obrońców Krzyża 1.*

Symbole de la résistance au pouvoir communiste, cette église futuriste, ardemment désirée par les habitants de Nowa Huta, ne fut élevée que dans les années 1970. Son édification a même été à l'origine d'émeutes restées fameuses après que des communistes eurent tenté de mettre à bas une croix dressée par les fidèles. Érigée au cœur même du territoire idéologique ennemi, sur la base d'une pierre de fondation provenant de Saint-Pierre de Rome et envoyée en 1969 par le pape Paul VI, cette église doit son existence à la farouche volonté de l'archevêque de Cracovie d'alors, un certain Karol Wojtyła. Elle est surnommée l'Arche du Seigneur car sa silhouette évoque le bateau construit par Noé et échoué au sommet du mont Ararat ; une interprétation à peine voilée de la conviction selon laquelle le christianisme survivrait au communisme. L'intérieur, traversé par une vive lumière, impressionne par la présence d'un gigantesque Christ en bronze (crucifié mais sans croix) ployé vers ses fidèles telle une voile tendue au vent ; une œuvre très expressive due au sculpteur cracovien **Bronisław Chromy**. Consacrée en 1977 comme la première église officielle édifiée dans la Pologne de l'après-guerre, cette réalisation de l'architecte Wojciech Pietrzyk allait donner l'impulsion à la construction de nombreuses autres églises polonaises.

Tertre de Wanda

(Kopiec Wandy)

C1 - *Ul. Ujastek.*

Situé au sud du combinat sidérurgique en direction de Mogiła, le tertre de Wanda doit son nom à l'une des filles du roi Krak, qui préféra se jeter dans les eaux de la Vistule plutôt que d'épouser le prince allemand Rytgier, s'élevant du même coup en symbole de l'indépendance nationale. Élevé probablement au 8e s. à l'endroit supposé de sa tombe, il s'agit de l'un des plus anciens monuments existants de Cracovie. Au sommet de ses 14 m a été dressé, au 19e s., un monument en marbre surmonté d'un aigle blanc dessiné par le peintre Jan Matejko. Ce dernier avait acquis, non loin de là, un manoir aujourd'hui transformé en **musée** *(Ul. Wańkowicza 25 - lun.-vend. 10h-14h)*.

Monastère cistercien de Mogiła★★

(Opactwo Cystersów)

C1 - *Ul. Klasztorna 11 - ✆ 12 644 23 31 - www.mogila.cystersi.pl.*

Îlot miraculeux émergeant d'un océan de béton, ce monastère figure parmi les rares vestiges conservés du vieux village de Mogiła. Fondé par l'évêque de Cracovie Iwo Odrowąż qui l'attribua aux cisterciens venus de Silésie en 1222, le monastère reçut le nom de Jasna Mogiła (littéralement « brillante tombe »), du fait de la présence supposée de la sépulture de la princesse Wanda dans les proches environs. Derrière sa façade baroque se dresse l'une des plus vieilles églises gothiques de Pologne. Consacrée en 1266, puis victime d'un incendie en 1447, elle fut ensuite rebâtie dans le style gothique, et dédiée à la Sainte Vierge et à saint Venceslas. Les curiosités de la basilique sont concentrées au niveau de son transept. Protégée par une belle grille ornementale du 17e s. et couverte d'ex-voto, la **chapelle de la Sainte-Croix** (Kaplica Krzyża Świętego), située au bout du bras gauche du transept, abrite la très vénérée croix de Mogiła, miraculeusement sauvée de l'incendie de 1447, dont l'usage impose aux fidèles de tourner à genoux autour de l'autel qui la supporte. Le transept et le chœur de l'église (ainsi que la bibliothèque du couvent) conservent des fresques de **Stanisław Samostrzelnik**, un éminent moine peintre de la première moitié du 16e s. Le joli **cloître** gothique attenant, à la droite de l'église, recèle plusieurs belles fresques.

Presque en face du monastère, accessible une fois passé le porche d'une tour-beffroi (1752), se dresse une **église en bois** dédiée à **saint Bartholomé** (Kościół Św. Bartłomieja). Construit en même temps que le monastère, l'édifice date de 1466, dans sa forme actuelle. De fait, elle est l'une des plus anciennes églises en bois du pays et l'un des rares exemples à trois nefs.

Histoire de Nowa Huta

(Dzieje Nowej Huty)

C1 - *Os. Słoneczne 16 - ✆ 12 425 97 75 - www.mhk.pl - avr.-oct. : tlj sf lun. 9h30-17h ; nov.-mars : 9h-16h (merc. 10h-17h) - 5 PLN (gratuit merc.).*

Ce musée retrace l'histoire du quartier à travers des photographies, des objets et des documents. Il abrite aussi des expositions temporaires sur ce thème. Possibilité de visites guidées du quartier *(sur réserv. : bilety.mhk.pl - 130 PLN par groupe)*.

Mine de sel de Wieliczka★★★

(Kopalnia Soli Wieliczka)

Certains touristes étrangers programment un voyage en Pologne avec pour seul but avoué de visiter cette ville périphérique de Cracovie, fameuse pour sa mine de sel gemme, exploitée depuis le 10e s. et inscrite depuis 1978 au Patrimoine mondial de l'Unesco. Un incroyable labyrinthe souterrain, creusé depuis le milieu du 13e s., à la recherche de ce véritable « or blanc » dont l'exploitation aura assuré le dynamisme des finances du royaume polonais.

➔**Accès** : à 10 km au sud-est de Cracovie ; minibus (bien préférables aux trains) stationnés rue Pawia, non loin de la gare ferroviaire, qui vous laissent près de l'entrée de la mine (attention, ce n'est pas le terminus). **Plan des alentours de Cracovie p. 92-93 : C2.**

Trajet touristique – *Avr.-oct. : 7h30-19h30 ; nov.-mars : 8h-17h - visite guidée en français à 12h05 (10h15 et 15h15 en juil.-août) - 52 PLN (visite en polonais) ou 75 PLN (visite en langue étrangère).* Une monotone descente par un escalier de 53 volées mène à 64 m de profondeur. On ne visite que les trois premiers paliers, situés entre 64 et 135 m de profondeur, mais ce gouffre et son dédale de galeries s'étagent sur neuf niveaux. Un sanatorium souterrain est enfoui à plus de 211 m, tandis que la galerie la plus profonde avoisine les 327 m. Parmi les près de 300 km existants, une section de 3 km permet d'arpenter les galeries. Au programme, de nombreuses curiosités : des œuvres sculptées, des lacs salins, de profonds puits, mais l'apothéose de la visite est constituée par une vaste salle de plus de 54 m de longueur, la **chapelle Sainte-Kinga** dédiée à la patronne des mineurs (Cunégonde). Ce véritable sanctuaire souterrain est éclairé par des lustres en cristal salin et fameux pour ses nombreux bas-reliefs et autels sculptés. Parvenu au terme de la visite, vous pouvez remonter à la surface par l'ascenseur ou prolonger votre excursion souterraine par la visite de l'intéressant **musée** situé au 3e niveau, qui abrite une collection d'objets liés à l'histoire de la mine.

Parcours minier – *Dép. du puits Regis - avr.-oct. : 9h30-18h ; nov.-mars : 10h-14h30 - 56 PLN (visite en polonais) ou 76 PLN (visite en langue étrangère). Attention, cette visite nécessite une bonne condition physique (interdit aux moins de 10 ans). Elle ne rejoint pas le Trajet touristique et les salles qui en font partie.* Les plus hardis opteront pour ce nouveau circuit de découverte, hors des « sentiers battus ». Habillé et équipé comme un mineur, vous êtes invité à descendre dans les profondeurs du puits Regis, mais aussi à vous initier à ce métier exigeant en prenant part aux tâches qui vous seront confiées, à la seule lueur de votre lampe !

La chapelle Sainte-Kinga dans la mine de sel de Wieliczka.

Auschwitz★★★

(Oświęcim)

Rien ne destinait la petite ville provinciale d'Oświęcim à devenir à jamais synonyme de la barbarie nazie et symbole de l'Holocauste. Elle fut incorporée par les nazis à leur IIIe Reich sous le nom allemand d'Auschwitz, qu'elle porta l'espace de six ans. Deux syllabes évocatrices du site du plus important meurtre de masse jamais perpétré dans l'histoire de l'humanité. Davantage mémorial que musée, Auschwitz est aujourd'hui, avec plus de 1 million de visiteurs chaque année et plus de 35 millions depuis sa création le 14 juin 1947, l'un des lieux les plus fréquentés de Pologne.

➔**Accès** : à 60 km à l'ouest de Cracovie. Bus régional (ligne nº 6 - 28 PLN AR) devant la gare centrale. Le trajet dure 1h30.

➔**Conseils** : comptez (selon la période d'ouverture) une bonne matinée ou un après-midi en commençant votre visite par le camp d'Auschwitz I, beaucoup plus longue. Celle de Birkenau, dénuée d'exposition, sera plus rapide. La visite est officiellement déconseillée aux enfants de moins de 13 ans, et il n'est pas superflu de bien préparer ceux qui sont à peine plus âgés à ce qu'ils vont voir.

Un vaste cimetière sans tombes

En effectuant la visite de ce qui fut le plus grand camp de concentration nazi et qui reste également le plus grand cimetière de l'histoire de l'humanité, la question se pose et reste sans réponse : comment la plus grande entreprise jamais planifiée d'extermination humaine a-t-elle pu voir le jour ? Suivie par celle qui se pose aujourd'hui avec le plus d'insistance : soixante-dix ans après les faits, comment continuer à en témoigner ? Parallèlement au travail des historiens, le témoignage des survivants, de moins en moins nombreux, doit être relayé par de nouvelles générations contraintes à entretenir un devoir de mémoire et à répéter inlassablement certains faits et certains chiffres propres à ce lieu de sinistre mémoire.

Aujourd'hui, la plupart des historiens s'accordent pour estimer qu'entre 1940 et 1945, les nazis ont déporté (au minimum) vers Auschwitz environ 1 100 000 Juifs, 150 000 Polonais, 23 000 Tsiganes, 15 000 prisonniers de guerre russes et 25 000 ressortissants d'autres nations, pour un total de 28 nationalités différentes. La liste des pays d'origine des Juifs est longue, mais les Juifs hongrois estimés à 438 000 forment le plus gros contingent, suivis des Juifs polonais et des Juifs français. Environ 900 000 Juifs, soit environ de 70 à 75 % des Juifs déportés, ne furent jamais enregistrés mais, aussitôt descendus des trains de la mort, conduits à la chambre à gaz. Seuls 400 000 prisonniers furent enregistrés (dont 200 000 Juifs) et 60 000 demeuraient encore en vie à la fin de la guerre. À l'approche

de l'armée soviétique, les prisonniers encore capables de marcher furent évacués dans les « marches de la mort » vers l'intérieur du Reich. Lorsque, le 27 janvier 1945, les soldats de l'Armée rouge libérèrent le camp, ils ne trouvèrent qu'environ 7 000 survivants dont près de 300 enfants, dans un état d'affaiblissement extrême.
Soixante ans plus tard, le 27 janvier 2005, de nombreux chefs d'État et de gouvernement s'y sont retrouvés en compagnie des derniers survivants pour une commémoration. Chaque année depuis 1988 se déroule la « Marche des Vivants » à laquelle participent des jeunes Juifs de tous les pays en hommage aux victimes de l'Holocauste.

Musée d'État d'Auschwitz-Birkenau

(Państwowe Muzeum Auschwitz-Birkenau w Oświęcimiu)
Ul. Więźniów Oświęcimia 20, 32-603 Oświęcim - ☏ 33 84 48 100 /099 - www.auschwitz.org.pl - déc.-fév. : 8h-15h ; mars, nov. : 8h-16h ; avr., oct. : 8h-17h ; mai, sept. : 8h-18h ; juin-août : 8h-19h - fermé 1er janv., 25 déc. et dim. de Pâques - parking gardé (7 PLN).
L'admission aux 2 sites est gratuite. Seul le service de guides, recommandé pour mieux comprendre le fonctionnement du camp, est payant. Réservation de guides au 33 844 80 99 ou 33 844 81 00, par mail muzeum@auschwitz.org.pl ou sur place à l'accueil du musée.
Faites précéder la visite du site de la projection de l'effroyable documentaire de 15mn sur la libération du camp par les troupes soviétiques (selon les jours, à 14h et 15h30 en polonais et 15h en anglais, en d'autres langues (français) horaire variable - 3,50 PLN). Pour mieux comprendre la visite, il est conseillé d'acheter la petite brochure en français qui, outre un plan du site, fournit bon nombre d'explications intéressantes.
Le *Konzentrationslager Auschwitz* fut à la fois un camp de prisonniers, un camp de concentration, un camp de travail et un camp de la mort où furent enfermés Juifs, Tsiganes, homosexuels, communistes, résistants, prisonniers politiques, prisonniers de guerre russes, élite intellectuelle polonaise, prêtres, témoins de Jéhovah, prostituées et criminels de droit commun. Il était constitué à son apogée de trois camps principaux – Auschwitz I, Auschwitz II-Birkenau, Auschwitz III-Monowitz – et de plus de 40 camps secondaires disséminés dans la région. Les deux premiers camps forment aujourd'hui le musée-mémorial, aménagé comme musée d'État depuis 1947 par décision du Parlement polonais et inscrit depuis 1979 sur la liste du Patrimoine mondial de l'Unesco.

Auschwitz I

Établi dans une ancienne caserne désaffectée de l'armée polonaise, le camp fut construit en avril-mai 1940 et accueillit ses premiers occupants, 728 détenus politiques polonais transférés de la prison de Tarnów, en juin 1940. En septembre 1941, les nazis y testèrent pour la première fois sur quelque 850 Polonais et Russes

un gaz pesticide, le Zyklon B, qui allait faire la fortune de son industriel allemand. Le nombre de prisonniers, pour l'essentiel politiques, oscilla entre 12 000 et 16 000 avec une pointe à 20 000 en 1942 (année qui vit l'arrivée des premières femmes), et au total quelque 70 000 prisonniers y périrent, dont certains dans la chambre à gaz et le crématoire en activité dans les années 1941 et 1942. Préservé quasiment dans l'état dans lequel les nazis l'ont abandonné en 1945, il accueille aujourd'hui l'essentiel de l'exposition.
Vous commencerez la visite du camp proprement dit en passant sous la fameuse **porte** pernicieusement surmontée de l'inscription « *Arbeit macht frei* » (Le travail rend libre). À l'intérieur de l'enceinte cernée de miradors et de fils barbelés se dressent, au milieu d'alignement de peupliers, les murs rouge brique de **28 blocs** identiques et alignés de part et d'autre de deux allées centrales. Une visite attentive et exhaustive de tous les blocs accessibles requerrait de nombreuses heures. Commencez donc par les blocs du fond, situés dans la deuxième allée, consacrés aux **expositions dites générales** (bloc 4 : Shoah, bloc 5 : Preuves matérielles du crime, bloc 6 : Vie quotidienne du prisonnier, bloc 7 : Conditions de logement et sanitaires). Au bout de l'allée sur la droite, le bloc des expériences médicales sur la stérilisation, suivi du **bloc de la Mort** (n° 11), sans doute le plus sinistre de tous, prison du camp où les éléments récalcitrants étaient soumis aux traitements les plus cruels. Entre les deux, la cour se refermait sur le mur de la Mort, où furent exécutés des milliers d'innocents.
De là, repassez dans la première allée où sont concentrés les blocs consacrés **aux expositions nationales**. De l'autre côté du mur, dans la continuité de l'alignement des blocs centraux, se trouvait le dépôt dans lequel étaient stockés le Zyklon B et les biens personnels des prisonniers confisqués dès leur arrivée.
Le bloc n° 20 attribué à la France et à la Belgique présente une exposition dédiée à la mémoire des déportés français particulièrement intéressante. Elle a le mérite de s'intéresser à des exemples précis d'hommes et de femmes déportés, Juifs assimilés, émigrés récents ou résistants politiques, tels Pierre Masse, Charlotte Delbo, Jean Lemberger, Georgy Halpern, Sarah Beznos. Rappelons que sur les quelque 76 000 Juifs déportés de France (dont 69 000 à Auschwitz et plus de 10 000 enfants), seuls sont revenus 2 500 (soit 3 %), qu'il n'est revenu que 969 des 3 000 résistants, et que sur les 20 943 Tsiganes recensés à Auschwitz, 145 étaient de nationalité française.
Particulièrement émouvante est la salle où figurent des photos d'enfants ou d'adolescents, accompagnées d'une courte légende biographique indiquant où ils sont nés, où ils habitaient et quand ils furent déportés.
Remarquable aussi, **le bloc hongrois (n° 18)** qui vous achemine le temps de la visite au-dessus de rails particulièrement suggestifs. Très surprenant, le parti pris

des **Hollandais (nº 21)** de présenter leur exposition à la scénographie minimaliste dans un cadre lumineux, blanc et clinique, à l'atmosphère presque sereine et recueillie. Dans le coin sud-ouest, le **bloc nº 27** est consacré à la martyrologie et à la lutte des Juifs. L'itinéraire conduit, pour finir, à l'extrémité gauche de l'allée, vers la chambre à gaz et le crématoire, reconvertis en bunker antiaérien en 1943. La potence, que l'on aperçoit à proximité, servit en 1947 à pendre publiquement Rudolf Höss, le premier commandant du camp d'Auschwitz.

Auschwitz II-Birkenau

Une navette gratuite assure la liaison entre les deux camps toutes les heures à partir de 10h30 entre le 15 avr. et le 31 nov.
Si le nom associé ne rencontre pas le même écho qu'Auschwitz I, c'est bien pourtant dans ce camp qu'a été planifiée méthodiquement l'extermination des peuples juif (surtout) et tsigane, et où l'impression générée par la visite est peut-être la plus forte et la plus éprouvante. Créé *ex nihilo* en octobre 1941, à 3 km du camp principal, près du petit village polonais de Brzezinka (Birkenau) signifiant « petite prairie aux bouleaux », il ressemble moins à un camp de concentration qu'à un camp programmé pour mettre en œuvre la solution finale. Tristement célèbre, la fameuse porte de la Mort, prolongeant à l'intérieur du camp les rails raccordés en 1944 au réseau ferroviaire, tel un site industriel comme un autre jusqu'à ce terminus de l'horreur. Sur les quelque 300 baraquements initiaux, qui regroupèrent au mois d'août 1944 jusqu'à plus de 90 000 prisonniers sur une surface de 2 x 2,5 km, seuls 45 en briques et 22 en bois ont été conservés, mais les contours des emplacements des autres sont marqués au sol. Pas de musée ici, juste un site poignant.
Longez la très longue rampe de déchargement jusqu'au **monument international aux Victimes du fascisme** inauguré en 1967. Déclinée en 21 langues, la même plaque commémorative plaide pour que l'odieuse barbarie ne se répète jamais. Autour, les vestiges en ruine des crématoires et chambres à gaz, ainsi que les étangs dans lesquels étaient évacuées les cendres humaines.
La création des 4 complexes de chambres-crématoriums débuta en 1942 et ceux-ci fonctionnèrent à plein régime jusqu'à ce que les SS les dynamitent en novembre 1944 afin d'effacer, à l'approche des armées alliées, toute trace de leurs méfaits. Auparavant, le 7 octobre, un groupe de *Sonderkommando*, prisonniers chargés de l'évacuation des corps après les gazages, s'était soulevé en procédant à l'explosion du crématorium IV.

Les œufs de Pâques.

P. Ciesla / age fotostock

Pour en savoir plus

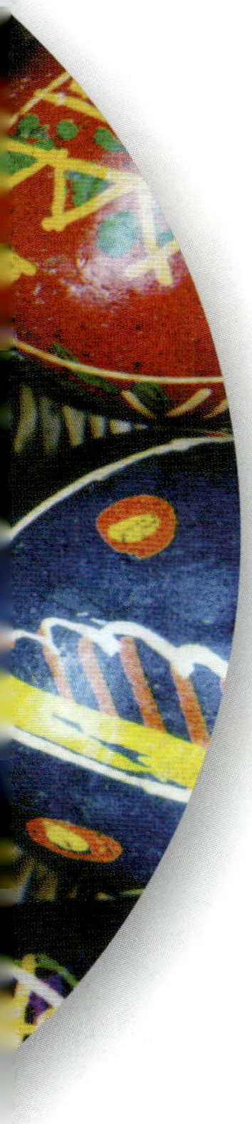

Les dates clés

7e s. – Fondation de Cracovie par le roi légendaire Krak ou Krakus.
965 – Première mention du nom de Cracovie.
Vers 1000 – Cracovie, intégrée au royaume des Piast, devient un évêché.
1038 – Cracovie devient la capitale du royaume des Piast.
1241, 1259, 1287 – Invasions tatares.
1257 – Reconstruction de la ville en brique et en pierre.
1320 – Ladislas le Bref est le premier roi couronné dans la cathédrale de Wawel.
1335 – Fondation de Kazimierz par le roi Casimir III le Grand.
1364 – Fondation à Cracovie de la première université de Pologne.

1385 – Union de Jagellon de Lituanie et de Hedwige de Pologne. Le nouveau souverain est couronné à Cracovie.
1434 – Début de l'âge d'or de Cracovie, capitale d'un royaume de Pologne étendu de la Baltique à la mer Noire.
1494 – À la suite d'un pogrom, installation des Juifs à Kazimierz.
1596 – Transfert de la capitale à Varsovie. Les rois sont cependant toujours sacrés et enterrés à Cracovie.
1655 – Cracovie dévastée par les Suédois…
1772 – … puis par les Russes.
1791 – Kazimierz est intégré à Cracovie.
1794 – Annexion de Cracovie par l'Autriche.
24 octobre 1795 – Troisième partage et disparition de la Pologne.
1815-1846 – République de Cracovie.
1831 – Occupation russe.
1846 – Annexion par l'Empire austro-hongrois.
1866 – Autonomie municipale.
11 novembre 1918 – Indépendance de la Pologne. Cracovie redevient polonaise.
6 septembre 1939 – Début de l'occupation allemande. Cracovie devient le siège du gouvernement général allemand de Pologne.
19 janvier 1945 – Libération par l'armée soviétique.
1949 – Création de la ville de Nowa Huta.
1963 – Karol Wojtyła archevêque de Cracovie.
1978 – Le centre historique est classé au Patrimoine mondial de l'Unesco.
16 octobre 1978 – Karol Wojtyła devient le pape Jean-Paul II.
5 avril 1989 – Accords de la Table ronde entre communistes et Solidarność.
Septembre 1989 – Tadeusz Mazowiecki, premier chef de gouvernement non communiste.
2000 – Cracovie capitale culturelle de l'Europe.
2004 – Entrée de la Pologne dans l'Union européenne.
2 avril 2005 – Mort de Jean-Paul II.
10 avril 2010 – Accident de l'avion de la délégation polonaise partie en Russie commémorer le massacre de Katyń ; mort de Lech Kaczyński, président de la République ; Bronisław Komorowski remporte l'élection présidentielle anticipée.
2011 – Les libéraux de la Plateforme civique remportent les élections législatives.
2013 – Mort de Tadeusz Mazowiecki, chef du 1er gouvernement post-communiste.

La ville des rois de Pologne

La fondation

À en croire la légende, Cracovie aurait été fondée au 7e s. par le **roi Krak** ou Krakus, vainqueur du dragon de Wawel, et dont la fille, **Wanda**, a préféré se noyer dans la Vistule plutôt que d'épouser un prince allemand. Fief de la tribu des Vislanes (Wiślanie), du nom polonais de la Vistule, Cracovie, que l'on trouve mentionnée pour la première fois en 965 dans le récit d'un marchand arabe de Cordoue, est rattachée au royaume de Pologne par le **prince Mieszko Ier**. Premier foyer de christianisme en Pologne, elle devient au tournant du millénaire le siège d'un évêché, puis la capitale du duché des Piast et du royaume polonais sous le règne du prince **Casimir le Rénovateur** (1038-1058), qui la préfère à Gniezno. Du 13e s., Cracovie garde le souvenir d'une série d'invasions tatares (1241, 1259-1260 et 1287), dont celle de 1241 qui a réduit en cendres une ville alors bâtie en bois. Reconstruite en brique et en pierre sous le règne de **Boleslas V le Chaste** selon les principes de la charte de Magdebourg en 1257, elle adopte un modèle de plan en damier conservé jusqu'à aujourd'hui. Fortifiée au siècle suivant, la cité prend alors, au pied du château, un important essor urbain. En 1320, **Ladislas le Bref** est le premier roi à se faire couronner dans la cathédrale de Wawel, mais c'est surtout sous le règne du roi **Casimir le Grand** (1333-1370), dernier souverain de la **dynastie des Piast**, que la ville connaît son plein épanouissement. À l'origine du quartier qui portera son nom, Kazimierz *(p. 82)*, il fonde également, en 1364, la première université de Pologne : l'Académie de Cracovie, future université Jagellonne *(p. 58 et 62)*.

L'âge d'or des Jagellon

Cracovie va vivre son véritable âge d'or sous cette dynastie royale, en pleine Renaissance. C'est ici en effet que le prince lituanien **Jagiełło** (Jagellon en français), grand-duc de Lituanie, sera baptisé et converti au catholicisme, puis deviendra, sous le nom de **Władysław**, roi de Pologne par son mariage avec **Hedwige** (Jadwiga) en 1396. Située au carrefour de plusieurs routes commerciales, Cracovie connaît son apogée au 16e s. sous Sigismond Ier le Vieux et son fils **Sigismond II Auguste**. La capitale polonaise devient alors pour quelques décennies un centre artistique et scientifique parmi les plus réputés d'Europe. Le château de Wawel *(p. 75)* est remplacé par un somptueux palais conçu par les architectes les plus novateurs, la cité se hérisse de clochers, et ses rues se bordent de ces façades Renaissance *(p. 114)* qui donnent à Cracovie, encore aujourd'hui, un charme incomparable. La ville dépasse les 30000 habitants. La fin de cet âge d'or coïncidera en 1609 avec le transfert par le roi **Sigismond III Vasa** de la capitale à Varsovie dès 1596. Dès lors s'amorce l'inexorable déclin de la cité.

Une impossible renaissance

Privée de son rôle politique, Cracovie conserve un rôle symbolique et reste le lieu de sépulture et d'intronisation des rois polonais.
Du 17e au 20e s., à part lors de courtes périodes, Cracovie, sans cesse bousculée par les tensions et conflits qui agitent l'Europe centrale, ne parvient plus à maîtriser son destin. En 1655, elle est saccagée par les troupes suédoises. À la fin du siècle, une grande épidémie de peste décime près de 10 000 habitants. Puis, en 1772, les Russes frappent à leur tour. En 1795, la révolte menée par Tadeusz Kościuszko tente en vain de préserver l'indépendance de la Pologne. L'échec du soulèvement entraîne la disparition du pays partagé entre la Russie, la Prusse et l'Empire autrichien. Ce dernier incorpore Cracovie à leur province de Galicie. Libérée en 1809 par les armées de Napoléon, la cité est intégrée au grand-duché de Varsovie et devient ville libre entre 1815 et 1846. Cracovie soutient l'insurrection polonaise de 1830 contre la Russie et le paie chèrement : son indépendance est progressivement rognée jusqu'à être sévèrement entravée par l'occupation de l'armée autrichienne de 1836 à 1841. La rébellion avortée de 1846 sonne la fin de l'expérience républicaine. Cracovie est à nouveau annexée par l'Autriche le 16 novembre 1846. Contre la promesse de rester fidèle à Vienne, la cité retrouve son autonomie en 1866. S'ouvre alors une nouvelle ère d'effervescence culturelle et artistique, politique aussi, même si aucun soulèvement ne vient contester une domination autrichienne supportable. Pendant la Première Guerre mondiale, les troupes de Cracovie combattent avec les empires centraux, plus par parole donnée et espoir de reconnaissance que par conviction. La défaite de la Triplice voit enfin en 1918 la reconstitution d'une Pologne où Cracovie retrouve sa place. Une trêve de courte durée tragiquement brisée par l'invasion nazie de septembre 1939.
Pour l'histoire de Cracovie après la Seconde Guerre mondiale, voir p. 115.

LA RÉPUBLIQUE DE CRACOVIE (RZECZPOSPOLITA KRAKOWSKA)

Encore appelée ville libre de Cracovie (Wolne Miasto Kraków), *elle est instituée le 3 mai 1815 par le congrès de Vienne qui réorganise les frontières européennes après la chute de Napoléon. Cracovie est extraite du duché de Varsovie et placée sous le contrôle et la protection de la Russie, de la Prusse et de l'Autriche qui lui garantissent une grande autonomie. Dotée d'une constitution inspirée du code civil français qui décrète l'abolition du servage et garantit des libertés individuelles, la cité redevient un centre intellectuel et artistique important. Mais aussi un foyer de contestation contre sa triple tutelle. Ce qui précipitera la fin de cette expérience unique.*

L'université Jagellonne

Un faux départ

La création de l'université Jagellonne, la deuxième apparue en Europe de l'Est après celle de Prague, est le fruit d'un long processus. Après plusieurs tentatives infructueuses, le roi **Casimir III** le Grand obtient du pape l'autorisation qui lui permet de fonder l'Académie de Cracovie le 12 mai 1364. Trois facultés seulement voient le jour et enseignent à partir de 1367 la médecine, le droit et les arts libéraux. Après la mort du roi, dernier représentant de la dynastie Piast, l'université, qui n'intéresse pas son successeur, est abandonnée.

Grandeur et décadence

Fille du successeur de Casimir le Grand et épouse de Ladislas Jagellon, la **reine Hedwige** met tout en œuvre pour restaurer l'université. Elle parvient à convaincre le **pape Boniface IX** d'autoriser l'ajout au cursus de l'enseignement théologique qui hisse Cracovie au rang des grandes villes universitaires. L'université Jagellonne, qui ne porte pas encore officiellement ce nom, naît ainsi réellement en 1400. Hedwige œuvrera au développement de la toute nouvelle université en lui léguant ses biens après sa mort.
Mais c'est surtout au 16e s. que l'université de Cracovie connaîtra son rayonnement maximal, se révélant un centre intellectuel et scientifique parmi les plus réputés d'Europe. L'arrivée en 1500 de la première presse à imprimer coïncide avec le grand rayonnement de la faculté d'astronomie dont le plus célèbre étudiant fut **Copernic**. Malgré l'enrichissement constant du cursus, l'affluence d'étudiants et l'extension de ses bâtiments, la prospérité économique et l'expansion artistique de l'université seront mises à bas par la brutale décision du roi **Sigismond III** Vasa de transférer en 1596 la capitale à Varsovie. Au 18e s., on continue cependant d'ajouter des structures dont un observatoire.
Au 19e s., au cours d'un bref âge d'or, l'université devient officiellement Jagellonne (Uniwersytet Jagielloński), en souvenir de la dynastie qui a présidé à son succès. Aujourd'hui, elle compte plus d'une centaine de bâtiments. Les anciens ont été rénovés et un troisième campus est attendu à la périphérie de la ville.

L'âme de Cracovie

L'université a toujours attiré les étudiants étrangers. Au 15e s., ils composaient un peu moins de la moitié des effectifs. Cette tradition se poursuit aujourd'hui avec l'accueil de jeunes venus de toute la Pologne et du monde entier. Ils font de Cracovie la capitale universitaire du pays et l'une des villes les plus dynamiques d'Europe. Consciente de sa dette envers la jeune génération qui la rend si vivante et ouverte sur l'avenir, la ville célèbre chaque année ses étudiants au mois de mai.

Architecture Renaissance et baroque

La Renaissance

C'est au roi **Sigismond Ier** (marié à une Italienne) que l'on doit l'invitation d'artistes italiens à Wawel et, du même coup, l'introduction de l'art de la Renaissance, plus décoratif, en Pologne.
Entre 1507 et 1532, tandis que l'Allemagne, la Bohême, la Mazovie et la Podlachie restent fidèles au gothique tardif, le château royal de Wawel (*p. 75*) se transforme grâce aux influences de l'architecture florentine. En témoignent la belle cour d'honneur bordée de trois galeries à arcades superposées, ainsi que le plafond à caissons de la salle des Députés, empreint toutefois de tradition gothique.
Dirigés tour à tour par **Francesco de Florence**, **Bartolomeo Berecci** puis **Benedykt de Sandomierz**, ces remaniements inciteront les élites fortunées du royaume à vouloir rivaliser entre elles.
Bien qu'elle emprunte peu d'éléments décoratifs au style Renaissance, l'architecture religieuse doit à **Bartolomeo Berecci** l'un des chefs-d'œuvre de l'âge d'or (*Złoty Wiek*) polonais : la fameuse chapelle de Sigismond ajoutée sur le côté de la cathédrale de Wawel (*p. 71*), qui servira de modèle à de nombreuses réalisations postérieures.

Face à la menace turque, les villes s'entourent également de fortifications en brique et terre, dont la Barbacane (*p. 52*) de Cracovie construite à la fin du 15e s. constitue l'exemple le mieux conservé.

Le style baroque

Si la période Renaissance porte l'empreinte de la dynastie des Jagellon, les débuts du baroque sont marqués de celle de la dynastie royale des Vasa avec le roi **Sigismond III** (1587-1632), qui déplacera la capitale de Cracovie à Varsovie en 1596, et avec son fils **Ladislas IV** (1632-1648). Lié à l'arrivée de jésuites en Pologne, le style baroque, le style de la Contre-Réforme, se manifeste pour la première fois en Pologne à travers l'église Saint-Pierre-et-Saint-Paul de Cracovie. Édifiée en version réduite sur le modèle de l'église romaine d'Il Gesu de Vignola, sans galeries latérales (remplacées par des chapelles), sur un plan de croix latine avec un dôme surmontant la croisée, elle est l'œuvre de l'architecte italien **Giovanni Trevano**, tandis que la décoration intérieure (cherchant à masquer la brique) est due au stucateur **Baltazar Fontana**.
De son côté, arrivé en Pologne vers 1665, l'architecte hollandais **Tylman van Gameren**, auteur de l'église Sainte-Anne de Cracovie, tempère d'une touche de sobriété tendant au classicisme le style baroque italien initial.

Cracovie après la guerre

Siège du gouvernement général de Pologne durant l'occupation nazie, pendant la Seconde Guerre mondiale, Cracovie fut pillée sans vergogne, vidée de sa population juive, mais échappa totalement au désastre des destructions. Libérée par les Russes et désormais sous le joug de ces derniers, elle ne retrouve pas son rayonnement d'avant guerre. Le nouveau gouvernement, piloté de loin par Moscou, est très méfiant à l'égard des cercles intellectuels et artistiques, donc bourgeois, qui font de Cracovie la ville de Pologne la plus réfractaire à l'ordre nouveau. Il cherchera par tous les moyens à les contrer en attirant une importante population ouvrière. Comme à **Częstochowa** où l'implantation d'industries tente de contrer l'influence religieuse du monastère de Jasna Góra, **Nowa Huta** (*p. 99*), le plus grand centre sidérurgique au monde d'alors, est construit en 1949 à 10 km de Wawel. Voulu par Staline, il s'élève sur l'une des meilleures terres arables de la région. En tant que pays satellite de la Russie communiste, la Pologne entre dans le système d'échanges mis en place par Moscou. Échanges car, c'est bien connu, entre frères, on ne commerce pas, on s'entraide. Ainsi, les aciéries de Cracovie doivent fournir de l'acier en échange de minerais de fer reçus par wagons entiers, acier dont bien peu de Polonais profitent. La Pologne est ainsi soumise à un véritable pillage en règle. Les ouvriers de Nowa Huta, de Cracovie puis de la Pologne se voient confisquer les bénéfices de leur travail.

Avec les pénuries de produits de consommation de base, un système de tickets de rationnement est mis en place et donne lieu à d'interminables files d'attente devant les magasins. Parfois pour de simples ersatz, enfants et personnes âgées sont envoyés garder le rang contre une maigre rétribution. Tout Polonais de plus de 20 ans a son lot d'anecdotes à ce sujet.

Comme partout en Pologne, c'est par la pratique religieuse que Cracovie se maintient dans la rébellion et l'affirmation de son identité.

Une lutte soutenue par le futur pape **Jean-Paul II**, actif dans la vie religieuse de la ville depuis 1958. Archevêque, il soutient dans les années 1970 l'édification d'une église au cœur de Nowa Huta.

Après des manifestations en 1956, la fin en 1989 du régime communiste polonais annonce la chute du bloc soviétique. Aujourd'hui, il en reste bien peu de traces. Derniers témoins de cette époque, les bars à lait côtoient dans les rues les plaques commémoratives. Une nostalgie quelque peu surfaite flotte dans les bars à l'atmosphère « rouge » soigneusement travaillée, tandis qu'à Nowa Huta on parcourt en Trabant la place centrale rebaptisée place Ronald-Reagan et l'avenue Lénine, devenue aujourd'hui l'**avenue Solidarności**.

La ville juive

Cracovie, Kroke en yiddish, possède le quartier juif historique le mieux conservé d'Europe : Kazimierz. Un trésor inestimable sorti presque intact d'une histoire mouvementée. Une chance que n'aura pas sa population...
Les Juifs ont habité Cracovie dès le 13e s. Accueillis par le roi **Casimir III le Grand** qui leur offre l'hospitalité et leur octroie de larges privilèges, ils s'établissent au sud-ouest du **Rynek**, avant d'être installés au nord vers l'actuelle **place Szczepański**.
En 1335, en quête d'un appui contre les turbulents et indociles bourgeois Cracoviens, le roi fonde une ville nouvelle sur une île de la Vistule, au sud de Wawel. Pour s'attirer ses faveurs, il dote de privilèges celle qui, en guise d'hommage, prend le nom de Kazimierz *(p. 82)*. À côté des chrétiens, une petite communauté israélite s'y établit, n'occupant que quelques rues. Symbole d'une indépendance acquise, la ville est ceinte d'une fortification à la fin du 14e s. En 1494, un pogrom est déclenché par une rumeur attribuant aux Juifs de Cracovie l'incendie de l'église de l'université. Autant pour les protéger que pour les contrôler, le roi **Jan Olbracht** les déplace à Kazimierz. Ils en occupent alors la partie nord-est, assignés à résidence aux abords de l'actuelle **rue Szeroka**. Comme beaucoup de villes occidentales, Cracovie possède désormais son **ghetto**. Au début du 16e s., fuyant les persécutions dans leurs pays, de nombreux Juifs d'Europe, ashkénazes principalement, trouvent refuge à Kazimierz. Siècle après siècle, sept synagogues sont construites. Jusqu'au 18e s., le quartier est coupé en deux par un mur qui sépare juifs et chrétiens. En 1791, il devient un quartier à part entière de Cracovie, rattaché physiquement par le comblement du bras de la Vistule qu'occupe aujourd'hui l'avenue Dietla. Au 19e s., Kazimierz est un véritable et unique quartier de culture juive. On distingue une partie catholique (même si de nombreux Juifs s'y installent à cette époque) au sud-ouest et une partie juive au nord-est.
En 1939, Cracovie comptait 250 000 habitants dont un quart d'Israélites, population qui avait plus que doublé depuis les années 1900. Aujourd'hui, ils seraient autour de 200.
Les Juifs cracoviens sont persécutés dès le début de l'occupation nazie. En 1941, ils sont contraints de quitter Kazimierz pour **Podgórze** *(p. 94)* sur la rive sud de la Vistule. Vingt mille personnes s'entassent dans 3 000 habitations, accueillant chacune quatre familles. Dans le ghetto ceint de murs, la vie tente de s'organiser sous le contrôle du *Judenrat*, le conseil juif mis en place par les nazis pour maintenir l'ordre. Les déportations se succèdent, d'abord début 1942 vers le camp de Belzec, puis en décembre suivant vers **Auschwitz**, où sont assassinées les personnes jugées inaptes au travail. Les autres rejoignent quotidiennement le **camp de travail de Płaszów**. Le ghetto est

liquidé en mars 1943. On compte parmi les quelque 2 000 rescapés un millier de Juifs sauvés par l'industriel Oskar Schindler et un enfant de 10 ans, le futur réalisateur **Roman Polański**.

L'après-guerre

Laissé à l'abandon par le régime communiste, repaire des individus les moins recommandables, Kazimierz devient le quartier le plus pauvre et le moins fréquenté de la ville. L'intérêt se réveille brutalement en 1989 avec la chute du communisme et le tournage du film *La Liste de Schindler* par Steven Spielberg. Artistes et alternatifs s'installent dans le quartier alors bon marché, et en peu de temps la culture juive revient sur le devant de la scène. Depuis le début des années 1990, le festival mondialement connu qui lui est consacré (*p. 15*) propose des ateliers, des lectures et des expositions sur l'histoire et les traditions.

En quelques années, Kazimierz devient l'un des quartiers les plus animés et les plus branchés de Cracovie. Le charme des ruelles étroites, des marchés, des synagogues, son atmosphère un rien rétro ont fait le reste. Revenus prendre possession de leurs biens, de rares descendants des anciens habitants réhabilitent progressivement leurs immeubles. Bars et restaurants proposant une cuisine juive raffinée fleurissent et l'on entend la musique klezmer (yiddish) se mêler au rock alternatif. Le quartier tout entier prend un air bohème et désinvolte que recherchent aussi bien les Polonais que les touristes.
Ce quartier désormais à la mode est une cible de choix pour des promoteurs peu préoccupés par son identité et encore moins par les moins aisés de ses habitants, écrasés par les prix du quartier. Trop cher pour les uns, démodé pour les autres, Kazimierz est sur le point d'être détrôné par Podgórze. Un quartier où tout reste à créer…

OSKAR SCHINDLER

Industriel allemand membre du parti nazi, Oskar Schindler (1908-1974) arrive à Cracovie en 1939 dans les pas des armées du Reich envahissant la Pologne. Grâce à ses relations et au travail obligatoire des Juifs, son usine de batteries de cuisine en émail implantée à Podgórze (*p. 94*) *fait rapidement sa fortune. Mais ce personnage jusque-là opportuniste et mondain est interpellé par le sort de la communauté juive. Falsifiant les registres de ses employés, il parvient à en soustraire près de 1 200 à l'enfer des camps de Płaszów et d'Auschwitz. Après la guerre, malheureux en affaires, il est à plusieurs reprises tiré d'affaire par ses anciens ouvriers. Déclaré « juste des Nations » en 1962, il meurt en 1974. Il est enterré en Israël. Son histoire a inspiré à l'écrivain Thomas Keneally son roman* La Liste de Schindler, *adapté en 1993 au cinéma par Steven Spielberg.*

Les traditions et les fêtes

Les crèches de Noël

Si toutes les églises de Pologne abritent des crèches, c'est à Cracovie que se tient une animation autour de « l'étable de Bethléem ». Début décembre, des artistes exposent leurs crèches au pied de la statue d'Adam Mickiewicz. Depuis plus de soixante ans, ce concours réunit quelque 130 à 150 crèches, parfois à échelle humaine. S'inspirant de l'architecture cracovienne, elles mettent en scène des personnages légendaires de la ville : Jésus côtoie donc le dragon ou le trompettiste jouant le *hejnał*. La plus belle rejoint les collections du Musée historique (*p. 49*).

Marionnettes et déguisements d'hiver

À Noël, les villages de la région perpétuent la tradition de la quête. Les enfants défilent de maison en maison, échangeant des vœux de bonheur contre des friandises. Ils sont accompagnés d'une marionnette représentant un Tsigane, une sorcière, la mort ou une chèvre. Le « massacre des Innocents » à la naissance de Jésus est à l'origine de cette parade.
Les célébrations de la **nouvelle année et le carnaval** donnaient jadis lieu à des parades où se côtoyaient marionnettes et masques. Tsiganes, Juifs, ours, diables ou mendiants étaient les plus souvent représentés. Aujourd'hui, ces manifestations ont presque disparu.

Le Lajkonik

Ce chef tatar (le khan), caracolant sur son cheval, est connu de tous les visiteurs de la place du Marché de Cracovie. En 1287, quand les Tatars envahirent la ville, les villageois de Zwierzyniec attaquèrent une nuit le camp tatar et tuèrent le khan. Cet acte de bravoure est célébré chaque année en juin, le dernier jour de la semaine de la Fête-Dieu.
Une grande parade costumée relie Zwierzyniec à la place du Marché. Le Lajkonik remonte les rues en quête de quelques złotys dont les donateurs, selon la légende moderne, verront plus tard la chance leur sourire. Quant au maire de la ville, il lui en coûte quelques verres de vin !

La Confrérie du Coq

La Confrérie du Coq a 700 ans. Jadis association défensive, elle rassemblait commerçants, bourgeois ou artisans pour la défense des villes. Le coq, symbolisant la veille nocturne, en devint l'emblème. Cracovie continue à célébrer les descendants de ces valeureux tireurs. Le premier lundi après la huitaine de la Fête-Dieu, les membres de l'actuelle Confrérie du Coq défilent en costumes médiévaux et se défient amicalement lors de grands concours… en visant des coqs en bois.

Les grands personnages

Casimir le Grand

Né en 1309 et mort en 1370, Casimir III est le dernier roi polonais de la dynastie des Piast. Ses conquêtes sur la Bohême et la Russie assurent une stabilité politique et territoriale au royaume encore renforcée par le traité de 1343 avec le turbulent ordre des chevaliers Teutoniques. On doit à Casimir le Grand la création de Kazimierz en 1335, l'accord de privilèges aux Juifs, ainsi que la fondation en 1364 de l'université de Cracovie, plus tard université Jagellonne.

Stanisław Wyspiański

Né le 15 janvier 1869 à Cracovie, il est mort le 28 novembre 1907. Cet artiste complet excellait aussi bien en dramaturgie qu'en poésie, peinture et mise en scène. Il a marqué Cracovie de son empreinte jusque dans les vitraux de l'église des Franciscains.

Tadeusz Kantor

Homme de théâtre (1915-1990) avant-gardiste inspiré par le surréalisme et le dadaïsme, il s'est illustré autant sur scène qu'en peinture. Fondateur à Cracovie d'un théâtre indépendant sous l'occupation nazie, il enseigna à l'Académie des beaux-arts de la ville.

Wisława Szymborska

Née à côté de Poznań, Wisława Szymborska (1923-2012) s'est établie en 1931 à Cracovie, ville qu'elle n'a plus quittée. Collaborant à des revues littéraires, elle publiera 18 recueils de poèmes depuis la parution du premier *Je cherche le mot* en 1954. Sa poésie, personnelle et réflexive, unissant réflexion philosophique et morale, est centrée sur l'existence humaine et sur le rapport de l'homme à l'histoire et à la culture. Cette démarche, alliée à une écriture sobre et précise, séduit de nombreux lecteurs et lui vaut d'être récompensée par le prix Nobel en 1996.

Jean-Paul II

Karol Wojtyła est né en 1920 à Wadowice, près de Cracovie. Sa vocation naît pendant la Seconde Guerre mondiale : dès 1942, après la mort de son père, il entre au séminaire clandestin de Cracovie et est ordonné prêtre en 1946. Évêque en 1958, il est archevêque de Cracovie cinq ans plus tard, puis cardinal en 1967. Adversaire des communistes, il parvient à faire bâtir une église dans l'immense cité ouvrière de **Nowa Huta**. Élu pape le 16 octobre 1978, ses premiers mots, « N'ayez pas peur. Ouvrez les frontières des États, les systèmes économiques et politiques », sonnent comme un signal pour les Polonais. Les visites qu'il effectue en Pologne en 1979, 1983 et 1987 sont triomphales. Il était vénéré par ses compatriotes, et son décès le 2 avril 2005 a donné lieu à des cérémonies gigantesques.

La gastronomie

Spécialités polonaises

Les soupes

Tout bon repas débute par une soupe. La Pologne comptant autant de soupes que la France de fromages, on en goûtera aux champignons, à l'oseille ou à l'oignon dans lesquelles nagent des raviolis aux diverses garnitures ou des boulettes de viande.
Le bortsch *(barszcz)* : autrefois on préparait cette soupe dans les campagnes à l'aide de fruits aigres ramassés dans les forêts. Puis la betterave remplaça ces baies. L'aigreur fut conservée en ajoutant un jus fermenté de betterave **(kwas)**, du citron ou du vinaigre.

Le żurek, ou bortsch blanc, aussi populaire, est une soupe au jus fermenté de farine de seigle servie avec de la saucisse.
Le chłodnik est une soupe froide de betteraves à la crème aigre, aux légumes crus, saupoudrée de ciboulette et d'aneth. Un régal pour l'été.
Enfin, le **flaki** est un mélange de jarret de bœuf et de tripes de bœuf relevé de paprika, de gingembre et de muscade.

Les viandes

Grillée, panée, noyée sous les oignons ou les pruneaux, la viande de **porc** est la reine de l'assiette polonaise.
Les **volailles** sont très prisées également. Le poulet à la polonaise, farci de chapelure, d'œuf et de persil, ainsi que le canard fourré aux quartiers de pommes et arrosé de vin rouge durant la cuisson sont des recettes fameuses.
Les nombreux espaces naturels et les forêts denses offrent quantité de **gibiers**. Le lièvre, le sanglier ou le chevreuil sont particulièrement appréciés. Quant à la **perdrix**, une fois faisandée et farcie de pain imbibé de lait, de raisins de Corinthe et de genièvre, elle rappelle aux nouvelles générations que les chasses royales et seigneuriales d'antan se terminaient par des repas gargantuesques.
Le bœuf est moins apprécié, excepté le **steak tartare** dont l'origine remonte au temps où les cavaliers mongols déferlaient sur l'Europe centrale, stockant leur viande crue sous leur selle.

Les poissons

Parmi les poissons figurent l'**anguille**, le **brochet**, qui colonise les ruisseaux à l'eau vive et pure, ou le **sandre** pêché dans les lacs. La **carpe**, qui est sans doute le poisson le plus servi dans les restaurants toute l'année, devient un plat traditionnel de fête dans les familles lors du réveillon de Noël. Le **hareng** est quant à lui un plat populaire bon marché, disposé en petits rouleaux fourrés de concombre et d'œufs durs ou marinés dans l'huile et l'oignon. Il s'accompagne toujours d'un verre de vodka !

Trois incontournables

Les pierogi sont de petits raviolis en forme de demi-lune dont la pâte est faite de farine, d'eau, d'œufs et de sel.

Partant de cette base identique dans l'ensemble du pays, chacun y apporte sa propre touche. Parmi les plus courants, ceux appelés « à la russe » sont garnis de fromage blanc, d'oignons et de pommes de terre, d'autres de champignons, de viande ou de choux. En dessert ou en plat principal, les *pierogi* sont garnis de fruits : de cerises, fraises ou myrtilles.
Les concombres marinés *(ogórki kiszone)* se mangent à tous les stades du repas. Cueillis avant leur maturité, ils ressemblent à des cornichons.
Si le **chou** se consomme sous toutes les formes, crues ou cuites, il est aussi l'élément principal d'un plat qui fait l'unanimité parmi les gastronomes polonais, le **bigos**. Entrée ou plat unique, cette sorte de choucroute à la mode polonaise est un mélange de plusieurs types de choux, de champignons des bois et de pruneaux, de viandes de porc, mouton ou veau, parfois même de gibier. Le tout est relevé par de nombreuses épices, telles que le piment de Jamaïque, la cardamome ou la muscade, sans oublier le madère.

La cuisine régionale

La cour de Pologne, longtemps installée à Cracovie, mettait un point d'honneur à ouvrir sa table aux diverses cuisines européennes. Ainsi, le **goulasch hongrois**, l'**escalope viennoise** ou les **pierogi à la russe** sont chez eux en Petite-Pologne.
L'**oscypek**, un fromage de brebis fumé dans les cabanes de bergers, et le **bryndza**, autre fromage de brebis non fumé, sont les savoureux ambassadeurs de la région de Podhale. L'oscypek se vend sur les trottoirs de Zakopane et de Cracovie. Découpé en tranches et passé au four quelques minutes recouvert de fruits rouges, il accompagne parfaitement les eaux-de-vie.

Les pâtisseries

Dans les salons de thé ou les restaurants, les pâtisseries débordent de crème, alors que dans les familles, le pain d'épice et les gâteaux aux fruits secs dominent.

Les boissons

Pour accompagner la cuisine polonaise, il est conseillé de goûter aux innombrables **bières**. La Żywiec ou la Okocim sont les bières les plus couramment consommées et celles que l'on vous servira dans un restaurant si vous ne précisez pas votre choix. Les connaisseurs auront le loisir de tester les Tyskie, Leżajsk, Tatra ou Żubr. Et pourquoi ne pas savourer un hydromel ou une *nalewka*, sorte de liqueur obtenue après macération de fruits dans la vodka et l'alcool pur ?
Emblématique boisson polonaise, la **vodka** *(wódka)* titre plus ou moins 40°. La variété des vodkas en vente dans les magasins spécialisés est étonnante. Les distillateurs rivalisent d'inventivité pour multiplier les saveurs : épices, poivre, miel ou fruits. La plus célèbre est la *Żubrówka*, parfumée avec le *Hierochloe odorata*, autrement appelé « l'herbe aux bisons », qui pousse notamment dans la forêt de Białowieża.

E/F

G

H

I/J

K

L/M

N

S

T

U

V/W

Z

Collection Le Guide Vert sous la responsabilité de Philippe Orain

Édition Florence Dyan, Archipel studio

Rédaction Jean-François Breuiller, Sandrine Favre, Laurent Gontier, Sybil Terrier, éd Bezdroza (Cracovie)

Cartographie Stéphane Anton, Michèle Cana, Isabelle Delouvy, Géraldine Deplante, Anthony Di Rocco
Plan détachable réalisé d'après les données TeleAtlas.
© TeleAtlas 2012

Conception graphique Laurent Muller (couverture et maquette intérieure)

Relecture Marjorie Bensaada

Régie publicitaire et partenariats business-solutions@tp.michelin.com
Le contenu des pages de publicité insérées dans ce guide n'engage que la responsabilité des annonceurs.

QR Codes QR Code est une marque déposée de Denso Wave Incorporated.

Remerciements Didier Broussard, Elzbieta Janik

Contacts Michelin
Guides Touristiques
27 cours de l'Ile Seguin, 92100 Boulogne Billancourt
Service consommateurs : tourisme@tp.michelin.com
Boutique en ligne : www.michelin-boutique.com

Parution 2014

Michelin Travel Partner
Société par actions simplifiées au capital de 11 288 880 EUR
27 cours de l'Ile Seguin - 92100 Boulogne Billancourt (France)
R.C.S. Nanterre 433 677 721

Dépôt légal : 12-2013 – ISSN 0293-9436
Imprimeur : Printer Trento, Trento (Italie)
Imprimé en Italie : 12-2013

Usine certifiée 14001
Sur du papier issu de forêts gérées durablement (100 % PEFC)

Écrivez-nous

LEGUIDEVERT
toujours plus de destinations
à travers le monde...
MICHELIN
INDONÉSIE
MICHELIN
FLORIDE
MICHELIN
ISLANDE
MICHELIN
MARTINIQUE
LEGUIDEVERT
MICHELIN
GUADELOUPE
LEGUIDEVERT
MICHELIN
MAURICE
Rodrigues
LEGUIDEVERT
MICHELIN
Une meilleure façon d'avancer